LE RADICALISÉ

ÉTIENNE GIRARD

LE RADICALISÉ

ÉDITIONS DU SEUIL
57, rue Gaston-Tessier, Paris XIXe

ISBN 978-2-02-146462-7

www.seuil.com

À mes arrière-grands-parents Sadi et Miriam Dassa,
raflés les 20 août 1941 et 5 novembre 1942 à Paris,
déportés à Auschwitz.

À ma mère.

Prologue

Un vertige saisit la table. Même les convives jusque-là d'accord sur tout avec leur interlocuteur marquent un instant de silence. On entend le bruit des couverts en argent qui s'entrechoquent.

La dernière phrase prononcée par Éric Zemmour secoue les esprits comme un uppercut : « Il faut interdire les prénoms non français. » Décidément, le presque candidat à l'élection présidentielle se montre aussi radical que sur CNews. Sauf qu'il ne s'agit pas de télévision mais de politique : Éric Zemmour évoque là son futur programme législatif. Dès le début du dîner, il a prévenu : « Le sujet central devant nous, pour la prochaine présidentielle et les trente prochaines années, c'est l'immigration musulmane. » Personne n'a réellement contesté, mais beaucoup ont fait valoir que d'autres questions méritent préoccupation. Zemmour a réfuté. « Il faut imposer ce thème. Sinon, on sera un pays à moitié islamique dans trente ans. On crée des ferments de guerre civile. »

Le polémiste aurait pu la jouer fine, diplomatie et simagrées, il se comporte façon bulldozer. « La culture musulmane est une culture qui respecte la force. Or, nous, on est faibles avec eux, donc ils ne nous respectent pas. » Ou encore : « L'extrême gauche utilise l'islam comme arme ultime pour détruire les racines chrétiennes de l'Occident. » Éric Zemmour mise sur l'audace, comme d'habitude. L'existence de cette soirée, dans un appartement de l'Ouest parisien, au cœur du mois de juin, ressemble déjà à un adoubement. Alors, il livre un pot-pourri de ses répliques les plus salées, teste l'état de mûrissement de ses convives. S'ils ont accepté de rencontrer le diable, n'est-ce pas qu'ils partagent quelques-unes de ses analyses ? L'atmosphère se veut détendue, mais l'enjeu flotte dans l'air. Les personnalités autour de la table sont de celles dont l'appui peut modifier le cours d'une campagne présidentielle. Le gratin du haut patronat français.

Henri de Castries s'est déplacé. À soixante-six ans, ce noble d'Empire, au titre de comte, énarque de la promotion Voltaire, dispose du plus beau réseau de l'élite française. Pendant seize ans, il a été le PDG de l'assureur AXA, coté au CAC 40. Il demeure administrateur de Nestlé, président du groupe Bilderberg, un cercle privé de dirigeants occidentaux, ainsi que de l'Institut Montaigne, un laboratoire d'idées financé par la plupart des multinationales françaises. S'il avait été élu chef de l'État en 2017, François Fillon en aurait fait son ministre des Armées.

L'élégant capitaliste a été invité par son ami Stanislas de Bentzmann, le président du directoire de Devoteam, une entreprise spécialisée dans le conseil en technologies innovantes. Ce quinquagénaire est la 341e fortune française, selon le classement édité en 2021 par l'hebdomadaire *Challenges*. Il connaît bien l'entourage d'Éric Zemmour, puisqu'il figure au comité directeur de Chefing, une entreprise d'événementiel dirigée par son fils, Théobald, en compagnie de Julien Madar, un jeune investisseur qui se trouve être le poisson-pilote du polémiste du *Figaro* dans les milieux d'affaires. Les deux hommes ont organisé le rendez-vous, en compagnie de Sarah Knafo, la première conseillère du journaliste. Godefroy de Bentzmann, le frère aîné du dirigeant, lui aussi actionnaire de Devoteam, est là également, de même que l'énarque Bernard Delpit, numéro trois de Safran et ancien conseiller économique du président Sarkozy. En tout, on a dressé une douzaine de couverts. Que du grand monde.

Les prophéties zemmouriennes suscitent des réactions contrastées dans l'assistance. « Autour de la table, il y en a qui étaient complètement d'accord, il y en a qui ont dit "oui, mais", et il y a ceux qui disaient "non, pas du tout" », révèle Stanislas de Bentzmann. Même si seulement un tiers des invités ont été convaincus, la performance a quelque chose d'une consécration pour Éric Zemmour. À soixante-trois ans, il est devenu une personnalité incontournable de la vie des idées française. Les plus grands patrons, les ex-conseillers présidentiels, les parlementaires, les hauts fonctionnaires, tout le monde se presse pour consulter ses oracles. En secret, un bataillon de personnalités influentes échange avec lui, dans la perspective de sa candidature présidentielle. Même l'Élysée observe ses ambitions avec attention. « Il y aura un moment Zemmour dans cette campagne, car sur le plan idéologique et culturel, il dicte son agenda à la droite », jauge un proche du président de la République.

Tous les soirs, l'éditorialiste réunit près d'un million de téléspectateurs sur CNews. Le propriétaire de cette chaîne, Vincent Bolloré, en a fait son homme de confiance. Son histoire est celle d'une ascension sociale comme on en connaît beaucoup dans l'univers du sport ou de la musique. Il en existe peu d'équivalent dans le monde intellectuel.

Issu d'une famille modeste de Juifs algériens, Éric Zemmour s'est rêvé en personnage de roman de Balzac avant d'en devenir un. Il a construit méthodiquement, lecture après lecture, coup d'éclat après coup de sang, polémique après scandale, son parcours dans la belle société parisienne. À chaque fois qu'il a franchi une étape, il aurait pu s'arrêter, demeurer une fine plume de la presse écrite, rester une star de la télé, se contenter de son statut d'essayiste à grand succès. À chaque fois, il en a voulu plus. Happé par le destin hors normes que d'autres lui promettaient. Il s'en est toujours jugé digne, même s'il ne se départira probablement jamais d'un léger complexe de classe, qui le pousse à toujours chercher l'approbation de quelques représentants de l'intelligentsia.

Régulièrement, Zemmour a besoin de sentir qu'il appartient à ce gotha qu'il aime et déteste à la fois. Quand il accepte de nous rencontrer, pour un entretien d'une heure et pas une minute de plus, a-t-il prévenu, le journaliste nous fixe rendez-vous à la brasserie du Lutetia, dans le VIe arrondissement de Paris. Un palace où il a ses habitudes. La bouteille d'Évian y coûte 11 euros.

Éric Zemmour est un personnage de paradoxes. Il est devenu l'homme d'une idée, celle du péril musulman en France. Il n'en a pas toujours été ainsi. En revanche, il a manifesté très tôt une obsession pour l'assimilation. Héritage familial, sans doute. On devine que le traumatisme des siens, leur départ d'Algérie en catastrophe, pour éviter ce que la doxa appellera lâchement un temps « les événements », reste plus vivace qu'il ne l'affirme.

Au long de son parcours, il a semé des indices, pareils à des petits cailloux. Quand il raconte sa complicité avec Philippe Séguin, il confesse : « On avait presque les mêmes origines, on se comprenait. » En 1989, il découvre, abasourdi, l'affaire du voile des élèves de Creil. « Avant cela, je pensais naïvement que les Arabo-musulmans connaîtraient le même parcours que nous », nous explique l'essayiste à la terrasse du Lutetia. Quand il dit « nous », il parle des Juifs de France. Comparaison frappante, comme si ces revendications identitaires, dont les siens se sont abstenus à leur arrivée en Métropole, lui avaient fait l'effet d'une blessure.

Depuis, l'essayiste creuse son sillon très à droite, après avoir voté Mitterrand en 1981 et 1988. Il révère le passé, la force, l'ordre. Armé de cette idéologie, il a appris à apprivoiser, à canaliser et à sublimer sa nature pessimiste. Disciple de Jacques Bainville, Éric Zemmour considère que de toute façon, « tout s'est toujours mal passé ». Il développe : « J'ai une anthropologie négative. J'ai le sens du tragique de l'histoire et je pense que l'homme est mauvais. Que les sentiments dominants sont la lâcheté, la médiocrité, l'ingratitude. » Sa pièce de théâtre fétiche est *Le Voyage de Monsieur Perrichon*, de Labiche. Deux hommes s'affrontent pour la main d'une femme. Entre l'esprit chevaleresque de l'un et l'insignifiance roublarde de l'autre, le père choisit celui qui flatte son orgueil de se sentir supérieur. La mesquinerie l'emporte sur la grandeur d'âme.

Depuis ses débuts, Zemmour apparaît comme ce prétendant injustement éconduit. Il en garde une reconnaissance éternelle pour ceux qui l'ont protégé, ainsi que la confirmation de ses prémonitions de malheur.

D'où qu'il vienne, cet attrait pour une société où la France ressemble à ce qu'elle était dans son âge tendre n'a fait que se radicaliser. Depuis quinze ans, Éric Zemmour s'est imposé comme le général en chef de la bataille culturelle, dans les rangs des conservateurs. Il envisage chaque livre comme un coup de bélier dans la forteresse bien-pensante. Dans cette croisade, le polémiste s'est fait une kyrielle d'ennemis. Il s'est aussi arrogé des soutiens indéfectibles. Des Français inquiets de l'insécurité, de la mondialisation, du communautarisme, du retour du terrorisme. En cela, l'émergence de l'éditorialiste raconte aussi celle d'une société malade, en recherche de protection, travaillée par un sentiment de dépossession.

Des réseaux plus organisés, marginalisés de longue date par les grands partis, voient en lui leur sauveur. Les milieux catholiques constitués, jamais totalement acquis à Jean-Marie Le Pen et ostracisés par la droite parlementaire, profitent de son sillage pour tenter une OPA sur la droite. Tous ceux qui rêvent d'en finir avec l'idéologie des droits de l'homme, l'État de droit, en ont fait leur porte-drapeau. Éric Zemmour ressuscite une part de la droite légitimiste identifiée par l'historien René Rémond, ce courant conservateur qui abhorre les acquis de la Révolution, espère le retour de l'ordre et des mœurs d'antan.

Le polémiste a fait un rêve : unir enfin la famille conservatrice, ressouder ce camp divisé depuis quatre-vingts ans entre les soutiens du général de Gaulle et ceux de Pétain. Son objectif ? Purger ce déshonneur de Vichy qui dénature le débat, pour que la droite redevienne ce qu'elle était avant de s'ouvrir aux idées progressistes, à partir des années 1970, estime-t-il.

À l'entendre, l'écrasement définitif de la gauche culturelle, qui a profité de ces dissensions pour imposer ses valeurs, est à ce prix. Alors Zemmour pourra faire revivre la société traditionnelle de son enfance qu'il n'a cessé, toute sa vie, de vouloir retrouver.

CHAPITRE 1

Le dilemme

Cérémonie funéraire au jardin des Tuileries. Ce 12 novembre 2020, les amis de Philippe Martel célèbrent une dernière fois leur ami. Une semaine plus tôt, le haut fonctionnaire, né en 1955, est décédé d'un cancer foudroyant. L'immense église Saint-Roch, où s'est déroulé l'office religieux, n'a été ouverte qu'à la famille et à quelques proches, confinement oblige, soit vingt-trois personnes en tout.

Une cinquantaine de copains de l'énarque, passé en vingt ans d'Alain Juppé à Marine Le Pen, se retrouvent sur le parvis de l'édifice baroque situé à deux pas du Carrousel du Louvre. Éric Zemmour et son épouse Mylène Chichportich sont venus, de même que les anciens députés européens Paul-Marie Coûteaux, élu sur la liste Pasqua-Villiers, et Jean-Yves Le Gallou, lieutenant de l'identitaire Bruno Mégret, ou Jacques de Guillebon, le directeur de la rédaction du mensuel *L'Incorrect*.

Les bars et cafés sont fermés, alors on décide de remplir une attestation de déplacement dérogatoire pour aller prendre un dernier verre dans le parc dessiné par André Le Nôtre, le jardinier de Louis XIV. Mylène en profite pour interpeller Paul-Marie Coûteaux, d'un ton ferme : « Arrête de lui dire de se présenter à la présidentielle ! À la fin, il va perdre CNews, il ne sera pas élu et nous, il nous reste trois enfants à élever. » Les termes du dilemme sont posés.

À soixante-deux ans, Éric Zemmour dispose d'une situation solide. En plus de sa chronique hebdomadaire au *Figaro* et de son émission sur Paris Première, il fait tous les soirs l'événement sur la chaîne de Vincent Bolloré. La tribune politique dont le polémiste a toujours rêvé. Sa rémunération mensuelle équivaut à celle d'un footballeur de bon niveau en Ligue 1. Aux côtés de la présentatrice Christine Kelly et des chroniqueurs réunis pour le faire briller, il s'amuse. Il a enfin l'impression d'être reconnu à sa valeur, celle d'un grand intellectuel français.

Son épouse est ravie de cet équilibre trouvé. Elle voit son mari épanoui dans sa routine, piscine tous les matins, parfois un tennis, lecture en rentrant le soir, des vacances tous les étés un mois dans le Var, tous les hivers au Club Med en République dominicaine. Leurs trois enfants, Hugo, Thibault et Clarisse, nés en 1997, 1998 et 2004, ne manquent de rien.

Oui, mais Zemmour entend une voix qui lui susurre à l'oreille quelque chose comme : « Et si c'était toi ? » Depuis plusieurs années, l'essayiste juge le camp conservateur en perdition, incapable d'assumer ses valeurs, de proposer un contre-programme qui tranche clairement avec cette « bien-pensance » qu'il déteste. Marine Le Pen l'agace, sa faible connaissance des dossiers et son obsession de la « dédiabolisation » l'insupportent. Tout le contraire de ce qu'il faut faire à ses yeux.

En 2017, il a tenté de convaincre Laurent Wauquiez, le seul politique d'envergure nationale qu'il estime, en réalité, de fonder un nouveau parti hors des Républicains. Sans succès. Et puis, l'éditorialiste se sent vieillir. En 2018, il a refusé de fêter ses soixante ans en grande pompe, comme il l'avait fait pour ses cinquante ans, dans un décor napoléonien. « Ça me déprime », murmure-t-il à ses amis.

La réflexion revient souvent. Ses proches, qui l'ont connu débordant d'enthousiasme, ont la surprise de l'entendre soudain traîner un léger spleen en évoquant ses émissions. «Je l'ai trop fait...» Auprès de son éditrice Lise Boëll, il s'interroge comme jamais auparavant: «Qu'est-ce qui peut me faire vibrer?» Pas les élections européennes, en tout cas. En 2019, il a refusé trois propositions pour s'y présenter. Pas question de perdre son statut parisien pour aller voter des amendements sur les quotas de pêche à Strasbourg.

La présidentielle, c'est autre chose. Elle demeure la seule élection qui intéresse les Français. Y figurer permet d'entrevoir la possibilité d'un destin, de figurer dans les livres d'histoire. Pour Zemmour, qui a été toute sa vie le scribe des aventures des autres, le rejeton maudit de l'élite, lui qui ne s'est jamais totalement remis de son échec à l'ENA, quelle revanche cela constituerait!

Depuis que Patrick Buisson et Philippe de Villiers lui ont conseillé de se présenter, en 2015, l'idée le turlupine, sans qu'il la considère vraiment. Quand Robert Ménard le tanne, lorsque Jean-Yves Le Gallou le courtise, il fait passer l'information dans son entourage: «Et toi, qu'est-ce que tu ferais à ma place?»

Caresser l'idée semble toutefois lui suffire, car l'essayiste n'ignore pas les risques d'une telle entreprise. Dès qu'il se projette un tantinet, les obstacles paraissent trop nombreux. Patrick Buisson, qui a pourtant tenté de le convaincre de s'engager pour les européennes, fait désormais partie de ceux qui le découragent. «Relis la Bible, répète l'ex-conseiller de Nicolas Sarkozy. Un prophète ne peut pas être roi.»

Un chouïa hypocondriaque, Éric Zemmour a toujours mal au dos, l'angoisse d'attraper quelque chose. Pourrait-il affronter, ne serait-ce que physiquement, la dureté d'une campagne? Lors d'un déjeuner, il s'informe des modalités d'une candidature auprès d'Hugues Dewavrin, ex-cadre de l'UDF, par ailleurs président du groupe de distribution alimentaire Pomona et 219e fortune de France. Cet ami de trente ans tente de le dissuader: «Il te faudra des millions d'euros, cinq cents signatures, une armée pour ton service d'ordre, et ça va être une horreur pour ta famille. Tu devras éloigner tes enfants et toi, peut-être, déménager. » L'intéressé lève un sourcil : « Oui, c'est ce qu'on me dit. »

Au sein de sa garde rapprochée, son avocat Olivier Pardo se montre l'un des plus perplexes. Il craint la fureur d'une campagne, le tourbillon des scandales. Isabelle Balkany, l'ancienne première adjointe au maire de Levallois, son époux Patrick, se fait plus ambiguë auprès de son grand copain Éric. « La politique ne correspond pas à ton profil psychologique », assure cette dernière, tout en lui promettant de l'aider à écrire sa propagande électorale s'il se présente : « Si tu y vas, je suis ton nègre. » À ce stade, l'éventualité demeure un doux songe qu'on évoque en riant au dessert.

Parfois, il suffit d'une personne pour dérégler un équilibre subtil, pour envoyer valdinguer un programme calibré. Dans la vie d'Éric Zemmour, ce grain de sable s'appelle Sarah Knafo. Ils se connaissent depuis 2007. Sarah Knafo a treize ans, son père est un ami d'« Éric », qu'elle surnomme parfois « Z ». Trente-cinq ans les séparent. Mêmes origines juives séfarades, même jeunesse en Seine-Saint-Denis, à Pavillon-sous-Bois pour la jeune femme.

L'essayiste lui inculque ses idées, lui fait réviser Sciences Po avec succès, la pousse à présenter les concours administratifs. Il est le mentor et elle l'apprentie. « Éric, c'est un monstre », juge Sarah, admirative des aptitudes intellectuelles de son pygmalion. À dix-neuf ans, elle indique sur son compte Twitter se considérer « séguiniste et bonapartiste », comme son maître, pose avec *Le Père Goriot*, de Balzac, le romancier fétiche du journaliste du *Figaro*.

À cette époque, Sarah adhère à Critique de la raison européenne, l'association souverainiste de l'IEP de Paris, à l'UNI, le principal syndicat de droite, à l'UMP, tendance musclée. Plusieurs de ses camarades, à qui elle parle de son lien privilégié avec le chroniqueur, comprennent qu'il s'agit d'un oncle, un bruit qu'elle se garde bien de réfuter clairement. Un jour que l'étudiante fait mine d'abandonner la préparation de l'ENA, « Z » la sermonne : « Tu ne vas pas faire ta crise d'adolescence maintenant ! » Elle doit réussir là où il a échoué. Elle y parvient du deuxième coup, en 2016. Pendant l'examen, par souci de discrétion, elle a momentanément changé son nom sur Facebook, pour Sarah de Rubempré. Un hommage au héros balzacien qui obsède Zemmour, jusqu'à nommer ainsi sa maison d'édition à l'été 2021.

Au sein de l'école du pouvoir, Sarah Knafo propose, avec ses colocataires, dont Thibault de Cacqueray, aujourd'hui conseiller technique du Premier ministre Jean Castex, de nommer sa promotion « Bonaparte », ce qui vaut à leur appartement d'être surnommé la « Villa Bonaparte ». Deux ans plus tard, quand elle sort de l'école pour rejoindre la Cour des comptes, un grand corps de l'État, son parrain en est subjugué. Sa protégée incarne la relève qu'il a toujours attendue. « Il y avait quelque chose de filial, puis notre relation s'est équilibrée », affirme souvent Sarah Knafo. Peu à peu, elle s'impose comme sa conseillère en lui préparant des notes chiffrées envoyées par e-mail avant ses émissions, ou en donnant son avis sur ses choix de carrière.

Ravi de sa trouvaille, dont la présence le valorise, Éric Zemmour l'introduit partout. À la messe de requiem en l'honneur de Denis Tillinac, le 2 octobre 2020 à l'église parisienne de Saint-François-Xavier, Zemmour l'a fièrement présentée à Philippe de Villiers, lequel a été sidéré par cet éblouissement que semble ressentir le polémiste à l'égard d'une haute fonctionnaire de moins de la moitié de son âge. In petto, certains des copains du chroniqueur se gaussent : « Je n'ai pas pris un café avec Zemmour : j'ai pris un café avec Sarah. Et il y avait Zemmour ! »

Sarah rêve d'une candidature souverainiste de droite à la présidentielle. Elle aussi exècre Marine Le Pen, encore plus depuis qu'elle a découvert son compte Instagram dédié à ses chats. « Elle n'est pas habitée par la fonction présidentielle, elle n'est pas faite pour ça », en conclut l'énarque devant des amis. Le désir latent d'Éric Zemmour rencontre son énergie. À ses côtés, l'essayiste trouve peu à peu le culot de revendiquer un rôle qui n'a jamais été le sien. Surtout lorsque sa partenaire le provoque, avec toute l'insolence que son âge permet. « Tu ne penses pas que Natacha Polony serait une meilleure candidate que toi ? » lui fait-elle, un jour de juin 2019 au Bonaparte, le café qu'ils fréquentent à Saint-Germain-des-Prés. Zemmour bondit : « C'est n'importe quoi, moi je vais cliver la société sur l'islam et l'immigration, pas comme ces souverainistes de gauche ! ».

Cette relation le transcende, même si elle n'empêche pas les moments de doute. Le 28 septembre 2019, sur la suggestion de sa conseillère, le polémiste s'exprime pour la première fois à une tribune politique, celle de la Convention de la droite, organisée par le magazine *L'Incorrect*. Pendant plusieurs minutes, sa voix a toutes les peines à se projeter, il paraît enroué, son débit laborieux. Aucune maladie à déplorer, c'est juste le stress qui noue sa gorge.

Sarah Knafo se démène pour faire passer le « plan Z » de l'abstraction à l'hypothèse crédible. Donateurs, signatures de maires, soutiens… La haute fonctionnaire née en 1993 prospecte tous azimuts. Éric Zemmour se rend avec enthousiasme à chaque rendez-vous, mais reste prudent. En novembre 2020, lors d'une réunion avec Jean Messiha, un ex-porte-parole du RN, au siège de son association, l'Institut Apollon, gare de Lyon, il consent à envisager de se porter candidat à la présidentielle… en mars 2022. Un mois avant le premier tour. Autant dire que ce « oui » théorique équivaut à un « non ». Reste que l'horloge narcissique continue de tourner, le bourdonnement des tentateurs se fait de plus en plus entêtant.

Paul-Marie Coûteaux, le comparse des déjeuners à trois avec Philippe Martel, dans un restaurant italien, près du *Figaro*, ne cesse de jouer sur cette corde. Ce souverainiste catholique, à la plume fiévreuse, a été tour à tour auteur de discours ou de notes pour Jean-Pierre Chevènement, Boutros Boutros-Ghali, Philippe Séguin, Marine Le Pen et François Fillon. Cela fait trois décennies que cet énarque est un ami cher d'Éric Zemmour, qu'il lui présente des personnalités qui comptent dans le Paris bourgeois. Le 31 janvier 2019, cet ancien député européen lui écrit une longue lettre au style enlevé, dans laquelle il tente de le convaincre de s'engager en politique, par tous les moyens. D'abord, en le mettant face à son devoir, en tant que sauveur de la patrie en puissance : « Chacun est maître de sa vie et sait ou doit savoir ce qu'il veut en faire. Mais un écrivain, ou tout homme public, appartient aussi à ses fidèles, non ? J'ai suivi ta carrière depuis son tout début et je crois bien avoir lu et admiré à peu près tous tes livres, en particulier le dernier qui est magistral et qui est peut-être un point d'orgue. Mais comptes-tu vraiment en rester à ce genre de livres, et n'aurais-tu pas tout intérêt, et d'abord du point de vue intellectuel, à changer de braquet, élargir tes horizons, remettre du charbon neuf dans ta bonne machine, et donc voir, regarder, analyser la vie politique de l'autre côté, celui du politique ? »

Dans un passage ultérieur, Coûteaux change de stratégie. Il fait appel aux angoisses profondes de son complice, en décrivant subtilement quel oubli pourrait le guetter s'il persiste dans son attentisme routinier : « Prudemment, tu préfères poursuivre ta vie telle que tu l'as bellement tracée depuis plus de vingt ans. Soit. Mais il y a des prudences imprudentes et des routines qui finissent mal. Rien ne t'assure que tes actuels succès, justement parce qu'ils sont grands, resteront toujours à semblable hauteur. Tu es en quelque sorte l'intellectuel organique de la droite, au *Figaro*, mais de jeunes pousses risquent de te contester ce terrain-là, où tu seras un jour plus à l'étroit si tu ne l'étends pas. Songe à cela : il faut mener sa vie en changeant parfois de scène. »

Un de ces arguments agit-il comme un poison lent dans le subconscient du polémiste ? Peu à peu, les résistances de Zemmour commencent à lâcher. Mais il faut d'abord convaincre sa femme. Le polémiste a tâté le terrain auprès de Vincent Bolloré, auprès du *Figaro*. Bien sûr, il ne pourra garder sa place en cas d'aventure politique, mais un arrangement est envisageable. Il pourrait revenir après la campagne sur CNews, et se mettre seulement en congé sans solde dans son journal. Le tout en se dévoilant le plus tard possible. Mylène Chicheportich a-t-elle vraiment le choix ? Devant l'entrain insistant de son mari, elle cède.

Lorsque, début 2021, une palanquée de trentenaires issus des réseaux de Philippe de Villiers et Christine Boutin vient le trouver pour se mettre à son service, le journaliste est mûr. Lors de la première réunion d'une douzaine de ses soutiens, le 6 avril, au domicile de Sarah Knafo, rue des Saints-Pères, à deux pas de Sciences Po, il se dévoile, autour de parts de pizzas. « Je fais ma mue, et c'est grâce à vous que je vais faire ma mue », commence-t-il. Interrogé sur le sens de cette candidature, alors qu'il bénéfice d'un grand confort matériel dans sa vie d'éditorialiste, l'essayiste se lance : « J'y vais, parce que je suis fou. » La phrase que tous attendaient pour y croire.

Seulement, Éric Zemmour n'est ni Nicolas Sarkozy, ni Jacques Chirac. Ce grand cérébral ne se lance pas à corps perdu dans la bagarre. Au contraire, il a besoin de temps pour se mettre dans sa nouvelle peau, d'y aller étape par étape, comme un enfant qui s'humecte toutes les parties du corps avant de plonger dans l'eau. Dans les semaines qui suivent, à partir d'avril 2021, il conserve une prudence de Sioux dans sa parole publique, tout en faisant preuve d'une méticulosité extrême dans la préparation secrète de sa campagne.

Début mai, une « cellule crise » se réunit. Il s'agit d'identifier les menaces susceptibles de peser sur sa candidature. Des avocats spécialisés sont mandatés pour éplucher les relevés de comptes d'Éric Zemmour sur plusieurs années. Il faut s'assurer que tout est en ordre. L'autre sujet soulevé par la cellule est encore plus sensible. Il s'agit des rapports du polémiste aux femmes. Le 29 avril, Mediapart a publié un article faisant état d'accusations de violences sexuelles. L'éditorialiste s'en défend férocement, mais convient qu'il faudra purger la question un jour ou l'autre. Quitte à mettre les pieds dans le plat lui-même à la télévision.

Ces plans sur la comète, jusque dans les détails les plus inattendus, se heurtent au réel. Sur le terrain, rien n'existe et Éric Zemmour ne se montre pas si pressé de concrétiser ses velléités. Cette candidature n'est pour l'heure qu'un jus de crâne de militants parisiens. « Il faut passer de la 2D à la 3D », soutient Benjamin Cauchy, un ex-gilet jaune, habitué des réunions de la rue des Saints-Pères. Dans un premier temps, le journaliste continue à faire ce qu'il sait faire de mieux : il intellectualise. Le 21 avril, il a publié dans *Le Figaro* une chronique d'un ouvrage sur Jacques Bainville. Ses partisans y lisent une adresse à lui-même. « Il regrette de ne pas avoir participé à la vie politique de manière plus active. De ne pas avoir abandonné son métier de journaliste », écrit l'éditorialiste à propos de l'historien de l'Action française. Il termine sa recension par une citation on ne peut plus claire : « Sur son lit de mort, à un de ses amis qui lui vante ses qualités journalistiques et son aura internationale, il réplique : "Que voulez-vous que cela me fasse ! J'étais fait pour m'asseoir à la table de Vergennes" (le ministre des Affaires étrangères de Louis XVI, qu'il admirait). » Son ami diplomate Patrice Champion, un temps conseiller spécial de Rama Yade, lui envoie illico un SMS : « Es-tu fait pour t'asseoir à la table de Vergennes ? Tu te dévoiles de plus en plus. Prudence. » Éric Zemmour lui répond, équivoque : « L'effet miroir s'est imposé à moi par surprise. »

Une fois encore, il faut Sarah Knafo pour brusquer son mentor, le sortir de ses tergiversations. À tel point qu'un haut cadre de la pré-campagne s'en inquiète, médusé : « En fait, elle, c'est Cyrano de Bergerac, et lui, c'est Christian. » Dans la pièce d'Edmond Rostand, le poète au nez proéminent souffle ses vers inspirés au bellâtre. Manière d'interroger sérieusement le feu sacré du candidat. La haute fonctionnaire profite du rassemblement des policiers devant l'Assemblée nationale, le 19 mai, pour demander à l'essayiste d'effectuer une première sortie publique. Pour se donner du courage, Éric Zemmour a convié Jean Messiha et Philippe de Villiers. Benjamin Cauchy et la journaliste Élisabeth Levy rejoignent également le cortège. « La première manifestation de ma vie », a prévenu le journaliste. Dans la rue, heureuse surprise, c'est lui qui prend toute la lumière. « Éric, président ! », « Monsieur Zemmour, on a besoin de vous ! » crient les manifestants. Devant ces marques d'affection, l'essayiste demeure un peu gauche, un comble quand on connaît ses idées.

« Tu suis l'épaule de Benjamin et tu avances », doit lui intimer Sarah, pour qu'il ne se fasse pas submerger par la foule curieuse. Un mois plus tard, le samedi 18 juin, dans le Nord, Zemmour ne s'est pas encore tout à fait départi de son embarras, symbolisé par ce cartable en cuir qu'il garde à la main toute la journée, comme on se cramponnerait à un doudou. Antoine Diers, ancien directeur de cabinet de la maire de Calais, a organisé le déplacement, le premier du possible candidat hors de Paris, à l'occasion de l'anniversaire de l'appel du général de Gaulle. « J'ai besoin de voir la motivation d'Éric », a plaidé ce trentenaire au physique de sénateur auprès de Sarah Knafo. Le journaliste n'a pas encore les réflexes mais, malgré tout, le contact passe bien sur le terrain. À Lille, Tourcoing et Dunkerque, les passants se révèlent honorés de recevoir la visite d'une star parisienne. Il faut dire aussi que, dans ces discussions de trottoir, on n'entre pas dans les débats de fond.

Quelques jours plus tôt, le 6 juin, on n'a pas tellement plus interrogé le programme du presque candidat, mais Éric Zemmour a fait les gros titres de BFM TV. La chaîne d'info en continu a repris les propos de l'éditorialiste dans un entretien pour le média en ligne Livre Noir, auprès duquel il a semblé faire un pas vers la présidentielle. La déclaration n'est pourtant pas d'une limpidité foudroyante : « J'ai depuis vingt ans annoncé, prophétisé, en vain pour l'instant, en disant voilà ce qu'il va arriver. J'ai longtemps pensé que cela suffisait. [...] Là, en voyant les états d'âme de Jacques Bainville... Peut-être qu'il faut passer à l'action car la prévision, la prédiction, même la prophétie ne suffit pas. » De nouveau, Sarah Knafo a tout organisé. Erik Tegnér et François de Voyer, les dirigeants de ce jeune média, font partie de ses meilleurs amis. Le rendez-vous est d'ailleurs dans les tuyaux depuis plus de huit mois. La sortie permet de constater que l'intérêt de la presse, en mal de personnalités politiques saillantes, s'avère immense.

Le 11 juin, Éric Zemmour trouve la force d'affronter Gilles Haéri, le directeur général d'Albin Michel, qui veut savoir si l'ouvrage que l'essayiste doit publier en septembre aura un lien avec une éventuelle candidature présidentielle. Dans un café du quartier de Sèvres-Babylone, les deux hommes ont une explication aimable. « J'ai vraiment envie d'y aller. Ça fait deux ans que je fais CNews, je ne vais pas refaire cinq ans », avoue franchement Zemmour. L'éditeur lui propose de repousser son livre après l'élection. « Non, je veux le sortir en septembre, ça me permettra d'annoncer ma campagne », balaye l'auteur. Alors, ce ne pourra pas être chez Albin Michel, qui ne souhaite pas s'engager de cette façon, prévient Haéri. Quelques jours plus tard, au téléphone, l'éditeur confirme au journaliste que, dans ces conditions, la maison d'édition ne souhaite plus publier cet opus. Zemmour suggère de pouvoir garder son avance de 30 000 euros. Demande acceptée. Sur ces bases, ils conviennent d'une rupture du contrat. Rupture qui correspond à celle qui se profile dans la vie du chroniqueur, et qu'il redoute.

Car Éric Zemmour avance toujours avec l'ombre d'un doute. Il n'évoque pour l'heure qu'une candidature en janvier, une date bien trop tardive pour nombre de ses collaborateurs, qui préviennent qu'il faudra lever des fonds en masse, décrocher cinq cents signatures de maires, et que cela prend du temps. « Peut-être peut-on faire quelque chose avec Wauquiez ? » interroge-t-il aussi au courant du mois de juin. Un autre jour, il paraît même prêt à renoncer : « Si Laurent y va, je n'y vais pas. » Le journaliste a constaté, dépité, que les sondages annoncent un score canon du Rassemblement national aux élections régionales du 20 juin. Le parti de Marine Le Pen est donné gagnant en Provence-Alpes-Côte d'Azur, et même parfois dans le Centre-Val-de-Loire et en Bourgogne-Franche-Comté. L'effet de souffle promettrait d'être redoutable. « Tout serait remis en cause », reconnaît un de ses conseillers. Le dimanche à 20 heures, divine surprise : les lepénistes s'effondrent. Le « Z » reste dans la course.

Dès le lendemain du deuxième tour, Zemmour accélère brutalement. Sur le plateau de « Face à l'info », sur CNews, il jette sur la place publique son départ d'Albin Michel : « J'ai reçu une lettre la semaine dernière de ma maison d'édition me disant qu'elle ne souhaitait plus m'éditer. » Le chroniqueur en profite pour se présenter en victime d'une opération politique : « Ils ont prétexté la présidentielle, le contexte politique, etc. Je me retrouve sans éditeur alors que mon livre est quasiment terminé. Il ne me reste plus que la conclusion à écrire. Je suis un peu en l'air. » La tirade, de bonne guerre, annonce une des stratégies à venir du presque candidat, calquée sur les campagnes Trump : dénoncer l'acharnement des milieux autorisés à son encontre.

Le revers de Marine Le Pen a joué un effet de levier. Les demandes de rendez-vous, les offres de service affluent auprès d'Éric et Sarah. Le polémiste en est désormais convaincu. Il faut y aller, et plus tôt que prévu, dès l'automne. Le 14 juillet, il réunit discrètement pour la première fois une cinquantaine de ses soutiens, leveurs de fonds, militants de Génération Z, un mouvement de jeunesse qui vient d'être créé, conseillers de l'ombre, à l'Espace Molitor, une salle de réception du XVIe arrondissement de Paris. Il y a un buffet, on passe de la musique, mais, avant, Éric Zemmour délivre son premier discours devant ses troupes. Il n'annonce pas formellement sa candidature, mais personne n'en doute plus. « Les élites intellectuelles ont perdu l'esprit de résistance, clame-t-il. Il faut que vous vous prépariez à devenir cette élite patriote. Nous serons sans doute les seuls à être contre le système. » Théâtral, l'essayiste annonce la bataille de toutes les batailles : « Préparez-vous à la tempête. »

La plupart des militants en sortent rassérénés, mais certains cadres ont noté qu'avant et après l'allocution Zemmour est resté auprès de Sarah Knafo, ne bavardant qu'avec les personnes qu'elle lui présentait. Il n'a pas fait le tour de la salle pour discuter avec ses soutiens, dont certains le rencontrent pour la première fois. Un impair diplomatique sans conséquence quand on est journaliste, plus problématique venant d'un futur candidat à la présidentielle. En rentrant chez lui, un des participants se rend compte de la progression qu'il reste à accomplir pour faire de ce projet de bric et de broc une candidature crédible aux plus hautes fonctions : « Cette campagne, cela peut devenir quelque chose d'énorme ou cela peut devenir quelque chose de terrible. » Cette source ne sait pas ce que dit alors Philippe de Villiers à plusieurs de ses interlocuteurs. L'ancien député européen d'extrême droite, ami d'Éric Zemmour, se tient en marge de l'initiative. Il a remarqué la mainmise de Sarah Knafo sur le dispositif, y voit un vice rédhibitoire : « Ils se fascinent l'un l'autre. Ça finira mal. »

CHAPITRE 2

Les réseaux

Réunification au restaurant libanais. Ce vendredi 2 juillet 2021, un bataillon de vingt-trois personnes s'engouffre dans une taverne du XVe arrondissement de Paris, spécialisée dans les mets du pays du Cèdre. Autour de la table, il y a une ancienne candidate à l'élection présidentielle, Christine Boutin, 1,19 % des voix en 2002, un ex-postulant à la primaire de la droite en 2016, Jean-Frédéric Poisson, 1,45 % des suffrages. Et Éric Zemmour. L'objectif de ce déjeuner est de sceller une alliance entre Via, le nouveau nom du Parti chrétien-démocrate, fondé en 2001 par l'égérie des catholiques conservateurs, et les réseaux du polémiste, en vue de la présidentielle. Le moment a quelque chose d'un Yalta de la droite hors les murs. On se jauge, on se dévisage discrètement, mais l'ambiance reste conviviale. Poisson, le président de Via, a fait venir quinze membres de son bureau politique, parmi lesquels Paul-Marie Coûteaux, un des meilleurs amis du journaliste du *Figaro*, et François Martin, le président de l'association des anciens de HEC actifs dans la géostratégie. Zemmour a convoqué son comité exécutif, sorte de conseil restreint de ses six conseillers les plus importants, dont l'incontournable Sarah Knafo.

Dans le grand partage envisagé, Éric Zemmour a vocation à devenir le candidat de l'alliance à la présidentielle, tandis que Jean-Frédéric Poisson est pressenti pour devenir le patron de la commission d'investiture aux législatives. Autant dire le grand organisateur du futur mouvement. Ainsi, le christianisme politique se retrouvera au cœur de cette nouvelle droite que Zemmour veut bâtir. Un coup formidable pour cette mouvance marginalisée de longue date, d'autant que l'intéressé n'est pas chrétien. Au cours du repas, François Martin essaye quand même de tester sa spiritualité. Il le compare au général de Gaulle, lui aussi « surgissant de nulle part » en 1940, et l'entreprend sur l'appel du 18 juin : « Savez-vous qu'il existe deux lectures de l'appel ? Quand le Général dit qu'"il y a dans l'univers tous les moyens nécessaires pour écraser un jour nos ennemis", certains voient dans le mot "univers" une allusion métaphysique. Qu'en pensez-vous ? » Zemmour répond à côté, en se contentant de la lecture géopolitique. Sous-texte : sa candidature ne sortira pas du cadre de la rationalité profane. Peu importe, au fond, ses convives partagent avec lui l'essentiel, une angoisse sur la décadence du pays, sur l'emprise de l'islam et sur l'immigration. Ils ont bien noté que, ces dernières années, l'éditorialiste a multiplié les signes en leur direction, en insistant à maintes reprises sur l'identité catholique du pays. Ou en se faisant le porte-parole des « gens là depuis mille ans et qui ont encore envie d'être là mille ans », comme en octobre 2014, quand il ridiculise « l'homélie du père Attali », Jacques de son prénom, dans l'émission « Ce soir (ou jamais) », sur France 2.

Une ribambelle de trentenaires issus du militantisme chrétien et conservateur ne s'y sont pas trompés. Depuis plusieurs semaines, cette petite nébuleuse d'anciens du syndicat étudiant UNI, des réseaux de Philippe de Villiers, de l'entourage de Marion Maréchal-Le Pen et des séminaires de l'Institut de formation politique (IFP), l'organisme de formation emblématique de la droite dure, colonise l'entourage du polémiste. Ils se connaissent tous depuis longtemps. Ils ont longtemps cru leur génération maudite, née après les grandes années Villiers, désillusionnée de l'imposture Sarkozy, abandonnée par Maréchal-Le Pen. Ils n'avaient plus le choix qu'entre ces cadres des Républicains macronisés, acquis à l'idéologie des droits de l'homme, et l'insuffisante Marine Le Pen, qui n'a même pas daigné manifester contre le mariage des couples de même sexe. Ils se pensaient condamnés aux groupuscules marginaux ou à un entrisme laborieux dans les grandes structures. Alors, dès qu'ils ont entendu parler du « plan Z », ils ont jailli, survoltés par cette opportunité inespérée.

Au restaurant libanais, Christine Boutin a reconnu au moins une tête dans les rangs alliés : Samuel Lafont, le responsable de la communication numérique du presque candidat Zemmour, avait accepté d'être candidat sur la liste « Force vie » de l'ex-ministre aux élections européennes de 2014, il avait même participé à la conférence de presse de lancement, avant de renoncer faute de moyens. Cet expert des réseaux sociaux, né en 1987, possède un CV militant bien fourni et très à droite : bureau national de l'UNI, Manif pour tous option Printemps français, sa frange la plus radicale, dont l'objectif est d'obtenir le retrait de la loi Taubira par tous les moyens. En mars puis en mai 2013, Lafont appelle d'ailleurs à manifester sur les Champs-Élysées, et « à ne pas partir tant que nous n'obtenons pas gain de cause », bien que la préfecture de police a interdit ce parcours. Le 26 janvier 2014, il participe aussi activement au « Jour de colère », une manifestation hétéroclite qui réunit notamment plusieurs groupuscules d'extrême droite, comme Civitas, l'Action française ou Riposte laïque. Depuis plusieurs années, ce passionné de jeu vidéo et du Japon s'attelle à dresser des ponts entre la droite parlementaire classique et la droite radicale. Versant modéré, il a participé à la cellule numérique de François Fillon en 2017, exerce depuis quelques années en tant que collaborateur de la sénatrice LR Joëlle Garriaud-Maylam. Versant radical, Lafont participe aux forums de la dissidence organisés par les identitaires de Polemia, a fondé la plateforme Damoclès, spécialiste des pétitions aux titres ultra-droitiers, comme « Ras-le-bol de ces faux Français », qui exige la déchéance de nationalité pour « de nombreux délinquants », ou encore des portraits vengeurs de jeunes journalistes de gauche.

En février 2021, ce geek à l'accent chantant du Gard écrit spontanément un e-mail à Éric Zemmour. « Je connais Internet, si je peux vous aider, je vous aiderai », nous restitue-t-il. Depuis les années UNI, il connaît Sarah Knafo, qui l'intègre à la réflexion en cours. L'activiste apporte au projet ses « datas », ces milliers de comptes, d'adresses e-mail qu'il a rassemblées au long de ses années de militantisme. Grâce à son maillage des réseaux sociaux et sa maîtrise des codes Web, le nom de Zemmour figure chaque semaine ou presque parmi les « tendances » de Twitter, ces sujets très discutés que la plateforme porte à l'attention de ses membres.

Le fondateur de Damoclès a de nombreux homologues. Sans toujours se donner le mot, les trentenaires les plus à droite de la génération Manif pour tous ont afflué, à partir de février 2021, auprès d'Éric Zemmour, comme on répond à un appel qu'on attendait depuis si longtemps. Ils avaient souvent pris des chemins différents, et se sont retrouvés. Ils sont surtout les seuls, dans ces premiers mois, à accepter de prendre des risques. Pierre Meurin, rapidement désigné comme un des six membres du comité exécutif d'Éric Zemmour, correspond au profil. Il a sollicité Sarah Knafo, en début d'année. Après une rencontre avec Éric Zemmour, cet ancien chef scout, également passé par l'UNI, a été recruté pour son réseau et ses qualités d'organisateur, acquises auprès de Philippe de Villiers. Pendant près de quinze ans, il a milité dans son parti, le Mouvement pour la France, et a même été, entre 2014 et 2018, président des Jeunes pour la France, son organisation de jeunesse. Charge à lui de construire dans l'ombre les fondations du parti politique zemmourien, de régler les questions juridiques, de recruter les premiers cadres locaux. Né en 1989, l'Yvelinois d'origine, installé dans la Loire depuis plusieurs années, peut être qualifié de « zemmouriste » historique : dès 2009, il avait pris l'habitude de visionner « On n'est pas couché » tous les samedi avec une bande de copains militants. Plusieurs d'entre eux vont bientôt intégrer discrètement, dans son sillage, l'organigramme du presque candidat. Jean-Edouard Gueugnon, par exemple. Cet ancien responsable des Jeunes pour la France dans les Hauts-de-Seine, ex-collaborateur du sénateur LR Vincent Segouin, devient le premier trésorier de l'association de financement des Amis d'Éric Zemmour. Thibaud Vincendeau, le grand animateur de la manifestation contre l'éventuel licenciement d'Éric Zemmour devant *Le Figaro*, onze ans plus tôt, n'est pas bien loin non plus. À ses heures perdues, cet ancien président des Jeunes pour la France, lui aussi, conseille ses amis sur la stratégie militante.

Depuis fin 2018, Pierre Meurin était le directeur des études de l'ISSEP, l'école fondée par Marion Maréchal-Le Pen. Pour s'engager dans la pré-campagne, en mai, il doit démissionner de son poste. Pas un problème, ni un hasard. Depuis qu'il a manifesté en privé son envie d'être candidat auprès de ses troupes, au mois de mars 2021, Éric Zemmour continue de correspondre très régulièrement avec la petite-fille de Jean-Marie Le Pen. Si elle ne souhaite pas s'engager publiquement en sa faveur, en raison de la candidature rivale de sa tante, Marine Le Pen, l'ancienne députée du Vaucluse n'a opposé aucune réticence à ce que plusieurs membres de son entourage intègrent son dispositif.

De façon encore plus discrète, une autre frange de la génération Manif pour tous s'active. Le 3 mars 2021, l'institut IFOP dévoile un sondage qui teste pour la première fois la candidature Zemmour à la présidentielle 2022, en l'absence d'un bulletin Le Pen. Dans cette hypothèse hautement irréaliste, le journaliste réunirait 17 % des suffrages, mais ce n'est pas le plus intéressant. Ce sondage a été commandé et financé par le Club de la Presse. Derrière ce nom parfaitement neutre se niche une plateforme d'abonnements à des titres de la presse d'extrême droite, notamment plusieurs médias proches des catholiques traditionalistes, comme le quotidien *Présent*, *L'Homme nouveau* ou le mouvement Renaissance catholique. Celui-ci siège à la même adresse postale que Gonzague George, dans les Yvelines. Le même Gonzague George, à l'origine, onze ans plus tôt, et en compagnie de Thibaud Vincendeau, de la manifestation de soutien à Éric Zemmour devant l'immeuble du *Figaro*. Cet ancien cadre des Jeunes pour la France – encore un –, né en 1986, a réalisé ce sondage en bonne intelligence avec Éric Zemmour et Sarah Knafo, qu'il a rencontrés. À la ville, il exerce depuis près de huit ans en tant qu'administrateur et rédacteur en chef de Nouvelles de France, un site dit de « réinformation », selon la terminologie en vogue à la droite de la droite. Sur ce portail, il multiplie sous un peudo les articles louangeurs à l'égard de Zemmour et les charges contre Marine Le Pen ou Xavier Bertrand.

Ce média fait partie de la galaxie de Guillaume de Thieulloy, le magnat de la presse catholique intégriste en France. Ce docteur en science politique possède également des titres comme Le Salon beige ou le portail Riposte catholique. Lui aussi avait déjà mis à contribution ses sites pour défendre Zemmour au moment de ses ennuis professionnels et judiciaires. En 2016, il a annoncé sur Nouvelles de France voter à la primaire de la droite en faveur de Jean-Frédéric Poisson, représentant de ses idées, c'est-à-dire de la « droite légitimiste » identifiée par l'historien René Rémond, précise-t-il, celle « de l'enracinement dans les terroirs de France et, surtout, la droite qui s'oppose aux "immortels principes de 1789" ». En mai et juin, Guillaume de Thieulloy a rencontré à deux reprises Zemmour et Knafo. Il occupe par ailleurs à temps partiel le poste de collaborateur du sénateur LR Sébastien Meurant, connu pour avoir dîné avec Marion Maréchal en 2019. Début juillet, cet élu du Val-d'Oise a passé une soirée avec Éric Zemmour et envisage de le soutenir si les Républicains choisissent comme candidat Xavier Bertrand ou Valérie Pécresse. Il est le premier parlementaire à le faire savoir publiquement. « Ce qui m'a frappé, c'est son empathie, sa capacité à écouter. Je lui fais rencontrer des sénateurs, je peux lui faire rencontrer des maires pour ses parrainages », assume le sénateur.

Dans les réunions qui s'enchaînent au domicile de Sarah Knafo, rue des Saints-Pères, on aperçoit aussi le chroniqueur Jean Messiha, Benoît Perrin, le directeur opérationnel de l'IFP, Benjamin Cauchy, le communicant Garen Shnorhokian, et même Julien Ravalais Casanova, un des conseillers d'Audrey Azoulay, la directrice générale de l'Unesco, chargé des liens avec le secteur privé. Ce dernier, un ex-cadre des Républicains, passé par Business France, figure au comité exécutif. Il est missionné, entre autres, pour organiser un déplacement d'Éric Zemmour en Corse. Quand nous le contactons, il se dérobe. « Je pense qu'on vous a mal renseigné », élude-t-il simplement. Puis, lorsque nous citons sa participation au déjeuner avec Via, le 2 juillet, ainsi qu'à d'autres réunions, il ne nous répond plus. La plupart des conjurés s'en cachent à peine : la candidature Zemmour, quoi qu'il advienne, doit être l'occasion de purger à la fois le problème Les Républicains, trop mous, et le péril Marine Le Pen, qui vampirise 20 % des voix au premier tour tout en paraissant incapable de s'imposer au second. Dans le scénario où le journaliste du *Figaro* ne l'emporterait pas en 2022, cette aventure doit au moins permettre de faire perdre la présidente du Rassemblement national, pour reconstruire ensuite un mouvement conservateur plus proche de leurs valeurs. « Soit on sauve la France, soit on sauve la droite », résume parfois Antoine Diers.

Ce Nordiste, né en 1988, est le cinquième larron de la bande des anciens des Jeunes pour la France. Pierre Meurin l'a contacté fin février : « Il y a peut-être quelque chose à faire, t'en es ? » Le trentenaire, tête de liste Les Républicains aux élections municipales de Dunkerque en 2014, aujourd'hui directeur de cabinet du maire du Plessis-Robinson, dans les Hauts-de-Seine, a foncé. La première soirée à laquelle il assiste a des airs de reconstitution de ligue dissoute : il y retrouve Samuel Lafont, son ancien camarade du bureau national de l'UNI, avec qui il a fait la claque au tribunal correctionnel de Paris pendant le tout premier procès d'Éric Zemmour, pour incitation à la haine raciale, en 2011. Le monde des « zemmouristes » est tout petit. À l'aise à l'oral, pondéré et rassurant pour l'électorat LR que vise Éric Zemmour, Diers est rapidement désigné porte-parole de l'association Les Amis d'Éric Zemmour. Début juin, son allure de notable de province et sa moustache à la Hercule Poirot deviennent le visage du « plan Z » dans les médias. Il se relaie avec Stanislas Rigault, un jeune étudiant à l'Institut catholique de Vendée, par ailleurs auditeur de l'IFP, qui présente alors plusieurs militants à l'entourage du quasi-candidat. « Depuis la création de l'IFP en 2004, nous n'hésitons pas à mettre en contacts les jeunes profils à potentiel avec des personnalités dès lors que nous sommes sollicités. Incontestablement, Éric Zemmour a rapidement compris le vivier que pouvait constituer l'IFP pour construire son équipe », nous assure Alexandre Pesey, le directeur de l'établissement.

Choix audacieux qui indique aussi toute la difficulté pour Éric Zemmour d'obtenir des ralliements de poids. En dehors des réseaux souverainistes et conservateurs catholiques, les soutiens tardent à se déclarer. Une faiblesse que son ami Philippe de Villiers raille en privé, malgré l'afflux de ses anciens soutiens. « Je voudrais bien l'aider, mais il n'y a que des zozos », bougonne le Vendéen. Il y a bien Jacques Bompard, le maire d'Orange. En septembre 2020, cet ex-député d'extrême droite a été un des premiers élus à tenter de le convaincre de se présenter à la présidentielle, lors d'un déjeuner parisien en compagnie de Robert Ménard. Depuis, l'édile se démène. En mars, il a lancé une pétition populaire, jesignepourzemmour.fr, pour crédibiliser la démarche. Le directeur de la publication du site n'est alors autre que Joseph-Marie Joly, le directeur de la communication de la mairie d'Orange. Cet ex-responsable local du Bloc identitaire, un groupe d'ultra droite, a fait partie de l'entourage de Rodolphe Crevelle, un activiste royaliste rêvant d'un putsch militaire en France. Selon le journaliste Frédéric Haziza, auteur de *Vol au-dessus d'un nid de fachos*, Joly a été chargé, en 2013, de distribuer un numéro de *La Revue de l'Arsenal*, le samizdat de Crevelle, contenant un appel au coup d'État, devant plusieurs garnisons du nord de la Loire. Dans un article publié le 19 mars 2019 par le média *L'Incorrect*, Joseph-Marie Joly rend hommage à Rodolphe Crevelle, décédé d'un cancer : « Il a toujours dit être l'homme d'un quart d'heure. Même d'un dernier quart d'heure. Il l'imaginait ce quart d'heure comme celui du coup de force, du dernier assaut qui ferait enfin basculer la République. » Puis il raconte comment son ami a tenté une dernière fois, en « janvier » 2019, un coup d'État, sans succès : « Sur les bords du Rhône [...] Rodolphe avait amené dans ses bagages un Prince de sang pour lui faire rencontrer les membres les plus actifs de la vallée prêts à monter contre la République. »

Joly et Bompard transmettent rapidement à Pierre Meurin les coordonnées des signataires de la pétition. Un butin précieux, qui permet au trentenaire de commencer à recruter cadres et militants. L'édile d'Orange insiste également pour présenter aux élections régionales en Provence-Alpes-Côte d'Azur une candidature « des amis d'Éric Zemmour », bien que l'éditorialiste ne prend aucunement part à la campagne. La liste a été renommé *in extremis* « Zou ! la liste qui vous débarrasse du système », mais les maigres 1,66 % obtenus le 20 juin par Valérie Laupies, une ex-élue du Front national, font mauvais genre. Malgré cet échec, les régionales s'avèrent un beau tremplin pour Éric Zemmour. Les offres de services venues du Rassemblement national, souvent des déçus des investitures aux élections, se multiplient. André Murawski, un ex-conseiller régional des Hauts-de-France, rassemble les propositions, que le polémiste lui demande de garder sous le coude dans l'attente du moment propice pour les rendre publiques.

À l'été 2021, cette heure n'est pas venue car Éric Zemmour a surtout besoin de ralliements venus de la droite classique, celle des Républicains. Il faut rassurer l'électorat bourgeois, montrer que le journaliste saurait s'entourer de personnalités capables de gouverner. C'est tout le paradoxe de la pré-campagne Zemmour. Dans ces rendez-vous avec des parlementaires, des anciens ministres, des hauts fonctionnaires ou des chefs d'entreprise, le polémiste accumule les « peut-être », les engagements à le soutenir plus tard qui n'engagent que celui qui les reçoit. Comme ce faux bond du député Guillaume Peltier, qui se déclare, quelques jours après une rencontre semblait-il fertile avec « le Z », en faveur de Xavier Bertrand. Les velléités de l'éditorialiste intéressent, mais elles apparaissent incertaines à beaucoup de ses interlocuteurs. À l'époque, Christian Jacob, le patron des Républicains, ne semble d'ailleurs pas trop s'en inquiéter, comme il nous l'indique, le 28 juin, au lendemain des régionales : « Je n'y crois pas vraiment... Il fait monter le désir, comme ça il vendra mieux ses livres ». De la même façon, plusieurs représentants du grand patronat s'interrogent, sans encore oser aller plus loin. « Trois dirigeants du CAC 40 m'ont récemment contacté avec la même question : que faut-il penser de Zemmour ? Ils sont attirés mais ils ont peur de se faire mal voir dans Paris », révèle un conseiller de grands patrons. Il y a aussi cet associé d'une grande banque d'affaires qui nous presse de taire son nom car il « risque d'avoir de gros problèmes », mais nous avoue qu'il s'apprête à faire un chèque de 5 000 euros au parti d'Éric Zemmour.

D'ailleurs, de ce point de vue, la pré-campagne ne marche pas si mal. À la fin du mois d'août, l'association de financement du parti Les Amis d'Éric Zemmour a récolté près de 250000 euros de dons. Un chiffre comparable aux 229000 euros dont disposait Emmanuel Macron le 26 avril 2016, trois semaines après le lancement d'En Marche, à en croire les Macron Leaks. Le chroniqueur a quatre mois de retard, mais à la différence de l'ancien banquier de Rotschild, lui ne s'est toujours pas engagé officiellement en politique. Il multiplie les réunions de levées de fonds, souvent au domicile de particuliers. Le 4 juin, il se trouve par exemple à Lyon pour un cocktail en présence d'une vingtaine de personnes, parmi lesquelles deux représentants d'une des cent premières fortunes de France, qui versent tous deux leur obole. Le même format se répète à chaque fois : d'abord un court discours du quasi-candidat, pas plus d'un quart d'heure, un moment d'échanges avec la salle, puis un buffet au cours duquel chacun peut aller plaider sa cause auprès de l'apprenti homme politique. Deux membres du comité exécutif sont des familiers de cet univers. Julien Madar, né en 1989, est un investisseur en série, présent dans l'événementiel, la location de locaux de courte durée, les chaussures à petits prix. Proche de Sarah Knafo, cet entrepreneur fait partager à Zemmour son réseau « business ». Il raconte partout qu'il a participé à la campagne Macron de 2017, ce que les Macron Leaks semblent confirmer. Madar figure sur une liste de participants à un dîner privé réunissant des consultants appelés à contribuer à la candidature du fondateur d'En Marche, comme Karim Tadjeddine, un directeur associé de McKinsey. L'autre cadre du privé qui s'active discrètement s'appelle Jonathan Nadler. Diplômé de Sciences Po en 2015, ce banquier s'occupe de fusion-acquisition chez JP Morgan. Chargé de coordonner le programme présidentiel de Zemmour, cet expert de la note chiffrée rédigée en moins de deux heures accompagne parfois le journaliste lors de ses rendez-vous avec des entrepreneurs. L'auteur du *Suicide français* peut aussi compter sur les relais du financier d'extrême droite Charles Gave, qui rêve d'une campagne *low cost* sur les réseaux sociaux et en province, sans passer par Paris, et de Philippe Milliau, le président de TV Libertés, lui aussi un ancien du Bloc identitaire.

Dans le plus grand secret, le journaliste bénéfice aussi des conseils de personnalités de premier plan, séduites par son profil intello et ses idées sur l'immigration. De potentiels ministres en puissance. Depuis que Paul-Marie Coûteaux les a présentés, dans un restaurant du boulevard Saint-Germain, en mars 2019, Zemmour s'est beaucoup rapproché de Pierre Brochand, directeur de la DGSE, les services secrets français, entre 2002 et 2008. « On échange quasi quotidiennement », reconnaît l'éditorialiste de CNews quand nous l'interrogeons, en septembre 2021. Le maître espion né en 1941, ancien ambassadeur de France en Hongrie, en Israël ou au Portugal, est persuadé que l'immigration incontrôlée peut « remettre en cause la paix civile », c'est-à-dire provoquer la guerre civile, comme il l'a expliqué à une table ronde de la fondation Res Publica, en juillet 2019. Lorsque nous lui demandons par SMS s'il rédige des notes sur l'immigration, la sécurité ou la géopolitique pour Éric Zemmour, Pierre Brochand nous envoie un lien de son intervention à Res Publica, avec le commentaire suivant : « Pas vraiment nécessaire de rédiger des notes. » Zemmour confirme aussi correspondre régulièrement sur sa possible candidature avec Henri Proglio, l'ancien PDG de Veolia et d'EDF. « Ils se sont rencontrés cette année et se sont tout de suite très bien entendus », ajoute leur ami commun Loïk Le Floch-Prigent. Le grand patron s'est déjà rendu rue des Saint-Pères. Il s'agit là en quelque sorte d'un retour aux sources pour l'industriel, animateur non encarté du Groupement de recherche et d'études pour la civilisation européenne (GRECE), un groupe de pensée d'extrême droite, à HEC à la fin des années 1960, puis participant occasionnel aux premières réunions du Club de l'Horloge, un cercle de hauts cadres militant pour l'union des droites, à partir de 1974.

Loïk Le Floch-Prigent, lui, accepte immédiatement d'apparaître dans la lumière. « C'est mon ami, donc si jamais il fait quelque chose sur lequel je peux l'aider, je l'aide », assume l'ancien président d'Elf Aquitaine et de Gaz de France, condamné pour abus de biens sociaux dans l'affaire Elf. Zemmour et lui se sont rapprochés il y a une dizaine d'années, après une énième polémique déclenchée par le journaliste. « Tout le monde s'attaquait à lui, et pour l'avoir vécu, je n'aime pas ces situations. Donc je l'ai contacté, on a sympathisé », raconte l'ex-patron d'entreprises publiques, qui le voit seulement en tête à tête, pour déjeuner. Il le conseille alors sur les questions industrielles et répond à ses questions sur l'immigration. « On fait quoi du stock ? » lui demande à ce propos l'ancien proche de François Mitterrand, attentif à ce qu'Éric Zemmour propose des solutions crédibles dans son programme. Le presque candidat échange aussi avec Jean-Yves Le Gallou, un proche de Bruno Mégret, avec qui il déjeune régulièrement, ainsi qu'avec Patrice Champion, on l'a dit, un ancien diplomate, conseiller ministériel de Rama Yade pendant deux ans, devenu inspecteur général de l'enseignement supérieur. Le vétéran du Quai d'Orsay lui a transmis en mai, à sa demande, une note sur l'éducation, comme il nous le confirme.

Éric Zemmour a également été à deux doigts d'attirer un directeur de campagne de prestige. De ceux qui changent le regard qu'on pose sur une candidature. Pendant plusieurs mois, Patrick Stefanini, le directeur de campagne de Jacques Chirac en 1995 puis de François Fillon en 2017, a flirté avec l'éditorialiste de CNews. Les deux hommes se sont vus en juin puis en novembre 2020, pour évoquer l'immigration et, déjà, l'hypothèse d'une collaboration électorale. « Il a un talent fou », dit de lui l'ancien préfet. Début janvier 2021, le haut fonctionnaire participe à un rendez-vous secret au domicile de Sarah Knafo. Lors de la première réunion collective à laquelle Lafont, Diers, Meurin et quelques proches de Knafo participent, le 6 avril, Stefanini est encore dans la boucle. Les nouveaux venus ont la surprise de découvrir sa présence, par visioconférence. « Éric, ta démarche est intéressante, mais on attend le Éric sur l'économie, sur la décentralisation. On attend un Éric de contre-pied, pas seulement sur les questions migratoires », réclame le haut fonctionnaire par écran interposé. Après avoir hésité, il a dit non à Zemmour, le vendredi 9 juillet, pour devenir quelques semaines plus tard le directeur de campagne de Valérie Pécresse. « Il s'adressait à moi en tant qu'organisateur, mais c'est aussi une affaire de convictions », nous assure l'ancien préfet. Une manière d'expliquer qu'il aurait aimé que le polémiste adapte sa ligne politique à ses analyses. Cela n'a pas été le cas. En janvier 2021, lorsqu'ils se sont vus, Patrick Stefanini a demandé à Éric Zemmour de ne pas intégrer dans son programme la sortie du traité de Lisbonne ou de la CEDH. Il lui a fait part de ses convictions européennes. Le polémiste a manqué de s'agacer : « Je ne veux pas débattre avec toi, je vais m'énerver. » Recrutement raté. « Il m'a instrumentalisé pendant tout un semestre », grince aujourd'hui Stefanini, agacé de voir que son nom a été utilisé pour crédibiliser la démarche du chroniqueur. Au printemps, l'ancien ministre Charles Millon, contacté par Éric Zemmour puis approché par Sarah Knafo pour les mêmes fonctions, a décliné. Il juge le polémiste trop excessif.

Début septembre, Éric Zemmour n'a donc toujours pas de directeur de campagne. Certains cadres des premiers jours, lassés de ne se voir proposer aucun poste rémunéré, ont pris du recul. Toutes les prérogatives opérationnelles échoient à Sarah Knafo. Celle-ci a opté depuis longtemps pour la stratégie du bluff. Pour compenser les faibles ralliements publics, les proches du journaliste racontent l'histoire de mouvements autonomes, Les Amis d'Éric Zemmour et Génération Z, l'organisation de jeunesse, montés en totale indépendance, sans échanger avec l'intéressé. Juste parce qu'ils le voient comme le Sauveur. Porté par cette ferveur populaire, l'essayiste devra se dévouer en acceptant d'être candidat. En réalité, les contacts avec son entourage sont quotidiens. De la même façon, à la fin du mois d'août, Antoine Diers annonce à l'AFP que les équipes ont déjà récolté « une centaine de parrainages ». Un haut membre de la campagne s'en amuse : « C'est plutôt une dizaine… Pour l'instant, cette candidature, c'est surtout des sondages et des articles. » Est-ce pour autant négligeable ? En entretenant le mystère sur ses intentions, en sortant un livre, en étant épinglé par le CSA, Éric Zemmour sature le paysage médiatique. On parle de lui tous les jours sur toutes les chaînes, dans tous les journaux. Testé à 5,5 % dans les sondages en juin, il atteint les 8 %, voire 10 % dans certaines enquêtes à la mi-septembre. De quoi convaincre les ambitieux que la dynamique est de son côté.

Et c'est bien ce qui se produit. Au début de l'automne, ce frémissement sondagier suscite des vocations. Olivier Ubeda, directeur de la communication-adjoint de l'UMP sous Nicolas Sarkozy, ancien organisateur des meetings de Bruno Le Maire, a accepté, moyennant une rémunération coquette, de devenir l'homme à tout faire de luxe du quasi-candidat, censé gérer la communication ou l'évènementiel. Un cador de la droite respectable dans leur escarcelle, Zemmour et Knafo en sont ravis. En coulisses, deux énarques préparent également leur entrée discrète dans le dispositif. Vincent Uher occupe le poste d'expert juridique détaché auprès de la Commission européenne. À ce titre, il représente l'institution devant la Cour de justice de l'Union européenne, par exemple dans les litiges contre des États récalcitrants à appliquer les règles communes, comme la Hongrie de Viktor Orban, que Zemmour apprécie. En 2018, cet ancien président de formation de jugement à la cour nationale du droit d'asile, ex-membre du Conseil d'État, a été cité dans une enquête de Mediapart et Buzzfeed comme un des conseillers occultes de Marine Le Pen. Auprès d'Éric Zemmour, il est convenu que cet ex-président de la section de l'Uni à Sciences Po doit notamment s'occuper de l'association de financement rattachée au parti politique. Un autre poids lourd s'est secrètement installé dans l'équipe. Il s'agit de Gilbert Payet, un ex-conseiller de Jean-Pierre Raffarin à Matignon. Ce haut-fonctionnaire né en 1953, tour à tour préfet de Haute-Corse, de la Nièvre, des Vosges, de Saône-et-Loire et des Pyrénées-Atlantiques, a été nommé directeur des affaires générales et membre du comité exécutif. Encore une connaissance de Sarah Knafo, qui a effectué un de ses stages de l'Ena, à son service, en 2018.

Leur mission ? Faire de la bulle Zemmour une véritable candidature. Il est temps.

CHAPITRE 3

Le projet

Éric Zemmour adore la parabole de la grenouille. Selon cette fable, une grenouille plongée subitement dans une casserole d'eau bouillante s'échappe d'un bond. À l'inverse, si ce même amphibien est immergé dans de l'eau froide, qu'on réchauffe très progressivement, il ne se rend pas compte de ce qui se produit. Il finit ébouillanté. Dans l'esprit de l'essayiste, la grenouille, c'est la France. Pour la sauver, il répète souvent qu'il veut « l'électrocuter », afin qu'elle échappe d'un bond au piège qui lui est tendu. Cela passe par des réformes radicales en matière d'immigration. Le pamphlétaire souhaite même faire de ce sujet et de ce qu'il estime être ses dérivés, l'identité, l'islam, l'axe majeur de sa campagne. « Le programme, c'est le même depuis mille ans », résume son ami Paul-Marie Coûteaux en plaisantant, mais seulement à moitié. Zemmour s'imagine en sauveur de la France millénaire, une France aujourd'hui « à la croisée des chemins », assure-t-il, menacée d'extinction à très court terme, une trentaine d'années tout au plus, comme il l'a expliqué, le 28 août, à l'université d'été d'Objectif France, le mouvement de l'entrepreneur Rafik Smati, dans le Vaucluse : « En 2050, nous serons un pays à moitié islamique. »

Cette rhétorique du sauvetage de dernière minute justifie de basculer le pays dans un autre monde juridique. Dès octobre 2020, Éric Zemmour l'a fait savoir à Bruno Mégret, l'ex-candidat d'extrême droite à la présidentielle. Après une interview au *Point*, dans laquelle l'ancien bras droit de Jean-Marie Le Pen a réclamé « une loi d'exception » afin d'empêcher toute nouvelle immigration pendant dix ans, ainsi qu'un « droit de recours » contre les décisions du Conseil constitutionnel, l'auteur du *Suicide français* lui a envoyé un SMS : « On est tout à fait sur la même ligne. » Dans les réunions de la rue des Saints-Pères, dans les rendez-vous avec des personnalités qui pourraient le soutenir, il ne cesse de le marteler : « Il ne faut parler que d'immigration. » Quand un de ses conseillers lui suggère de pousser d'autres thèmes, de ne pas promettre la lune, il coupe : « C'est mon point fort. » Comprendre : c'est ce qui me fera gagner. Zemmour l'a confié à Emmanuel Macron, son plan est prêt. Les connaisseurs du polémiste y retrouveront les idées qu'il défend depuis plus de vingt ans. Son projet marque une rupture nette avec les principes de la Cinquième République. Il souhaite mettre fin au droit du sol, au regroupement familial, à la double nationalité, au droit d'asile sous sa forme actuelle. Des discours déjà entendus, au Front national, chez Philippe de Villiers, voire au sein du RPR du congrès de Villepinte, en 1990.

Seulement, à la différence de la plupart de ses devanciers, l'éditorialiste tire clairement les conséquences de ses analyses, qu'il répète depuis la moitié des années 1990. Dès 1997, il démolissait « le coup d'État des juges » sur deux cent vingt-deux pages pour les éditions Plon. Pour contrecarrer les verrous juridiques qui s'opposent à ses propositions, il nous annonce que, lui élu président, « le contrôle de constitutionnalité tel qu'il existe depuis 1971 sera supprimé ». Derrière cette idée obscure se cache une révolution. Le 16 juillet 1971, le Conseil constitutionnel décide que dorénavant les lois votées devront respecter les grands principes contenus dans la Déclaration des droits de l'homme et du citoyen de 1789. Sur ce fondement, les lois qui ne respectent pas l'égalité de traitement entre les citoyens ou portent atteinte de façon disproportionnée aux libertés seront censurées. Si ce contrôle de constitutionnalité se voit supprimé, les parlementaires se retrouveront sans filtre au-dessus de leur tête. Libre à eux de voter des lois liberticides ou discriminatoires, s'ils l'estiment pertinent. Pour cette même raison, Éric Zemmour défend la sortie de la France de la Convention européenne des droits de l'homme, afin de ne plus reconnaître ses tribunaux. À ce propos, l'essayiste aime citer la phrase du général de Gaulle retranscrite par son garde des sceaux Jean Foyer dans un livre de souvenirs publié en 2006 : « Souvenez-vous de ceci : il y a d'abord la France, ensuite l'État, enfin, autant que les intérêts majeurs des deux sont sauvegardés, le Droit. »

Lors de notre entretien au Lutetia, à l'occasion d'une de nos questions sur l'attitude du général de Gaulle à l'égard des harkis, le presque-candidat nous délivre plus précisément encore le fond de sa pensée : « C'était cruel, mais il a agi en chef d'État. Un chef d'État doit parfois être cruel. Richelieu a été cruel à La Rochelle, Bonaparte a été plusieurs fois cruel. »

L'essayiste veut avoir ainsi le champ libre pour mettre au point trois autres des réformes qu'il mijote. Elles ont trait à l'intégration de cette immigration arabo-musulmane que Zemmour veut mettre à l'épreuve. Il le clame sur tous les plateaux, le natif de Montreuil souhaite interdire les prénoms non français, c'est-à-dire ceux qui ne figurent ni dans le calendrier romain, ni dans le calendrier révolutionnaire, qui ne correspondent pas à des personnages connus de l'histoire ancienne. L'objectif ? Contrer ce qu'il nomme « le programme d'islamisation de la France », c'est-à-dire « le grand remplacement » des Français de souche par des musulmans. Pour illustrer ce qu'il identifie comme une « invasion » ou une « colonisation » auprès de ses suiveurs, le polémiste a pris l'habitude de qualifier les autochtones de « roumis » ou de « kouffars », ces mots arabes qui désignent les non-musulmans. « Il faut revenir à la loi du 11 germinal an XI », répète-t-il, c'est-à-dire du 1er avril 1803. « Je ne renommerai pas les gens, par contre, un nouveau-né ne pourra plus s'appeler Mohammed. C'était la loi avant 1993. C'est l'assimilation », nous indique le quasi-candidat à la présidentielle. Sur le plan juridique, il n'a pas totalement tort. La loi de 1803 n'a été officiellement abrogée que par celle du 8 janvier 1993, qui a laissé aux parents le libre choix du prénom de leur enfant, pour peu qu'il ne lui porte pas préjudice.

Simplement, le texte du « 11 germinal » n'était plus appliqué depuis longtemps. Dans une instruction ministérielle datée du 12 avril 1966, le ministre de la Justice, Jean Foyer, le même dont Éric Zemmour a repris la conversation avec Charles de Gaulle, écrit qu'« il y a lieu d'observer que la force de la coutume, en la matière, a sensiblement élargi les limites initialement assignées à la recevabilité des prénoms par les prescriptions littérales de la loi du 11 germinal an XI ». Une précision du garde des sceaux a été intégrée : « Ces considérations militent en faveur de l'admission des prénoms coraniques pour les enfants de Français musulmans. » Même avant « les quarante années qui ont défait » le pays, pour reprendre la présentation du *Suicide français*, la France, et pas n'importe laquelle, celle du général de Gaulle, n'était pas aussi rigide qu'attendu. Éric Zemmour projette donc de revenir à l'état du droit d'avant 1966.

Son autre proposition d'ampleur consiste à fermer les mosquées salafistes et celles proches des frères musulmans, même en l'absence d'atteinte à l'ordre public. Selon un calcul effectué par la chaîne LCI, en octobre 2020, cela concernerait trois cent cinquante lieux de culte en France. Un chiffre à rapporter aux trente-six mosquées et lieux de réunions fermés entre 2015 et 2019. Cela ferait dix fois plus. Légitime défense, justifie par avance Éric Zemmour dans le chapitre inédit qui ouvre *Un quinquennat pour rien*, un recueil de chroniques publié en 2016. « Comme l'a dit Clausewitz, celui qui se défend apparaît toujours comme l'agresseur ; celui qui attaque paraît pacifique tant que l'agressé ne se défend pas. »

Or, écrit-il, « cet islam est notre ennemi ». Le port du voile dans les lieux publics serait, de la même façon, prohibé. Sur le plan judiciaire, Zemmour souhaite rendre possible la déchéance de nationalité pour les binationaux, « en cas de condamnation pour des crimes ou certains délits », nous précise-t-il. En bon bonapartiste, le journaliste du *Figaro* envisage de faire voter ces dispositions par référendum, comme il l'a plusieurs fois expliqué devant des parterres militants, comme le 7 juillet au siège de l'IFP, auprès des pro-Manif pour tous du Mouvement conservateur, la nouvelle appellation de Sens commun.

Cette conviction qu'il porte en lui conditionne tout le reste de sa démarche présidentielle. Afin que sa candidature se concentre sur cette « croisée des chemins » civilisationnelle qu'il veut mettre en scène, le reste de son programme aura vocation à rassembler la droite des valeurs. « Je veux mettre fin à la méthode pédagogiste dans l'éducation nationale, à la théorie du genre », a par exemple confié le quasi-candidat au Mouvement conservateur. Ses propositions économiques ne décoifferont pas. Manière de rassurer la bourgeoisie conservatrice. « Ce sera un programme de droite classique, mais ce ne sera pas mon grand sujet », fait savoir Zemmour en juin devant Castries, Bentzmann et consorts. « Du national-libéralisme à la Reagan », poursuit un cadre de sa campagne. « Avec un peu de néo-poujadisme », ajoute un autre. Le plan d'Éric Zemmour ? Ne pas offusquer l'électorat traditionnel de la droite tout en parlant à la France des gilets jaunes, mais ceux du tout début, ceux du ras-le-bol fiscal, pas ceux « de l'instrumentalisation par l'extrême gauche », comme le polémiste l'affirme à chaque fois que le sujet est évoqué. Parmi les mesures envisagées, une division par deux des taxes sur l'essence, le gaz et l'électricité. La mesure, qui doit redonner un Smic de pouvoir d'achat par an, a été budgétée à 15 milliards d'euros annuels. Jonathan Nadler, le banquier en charge du programme présidentiel, est missionné pour trouver les financements de la réforme, avec l'interdiction d'augmenter les impôts. Les allocations familiales devront, elles, se concentrer sur les deuxième et troisième enfants. Au-delà, elles bénéficient par trop aux familles nombreuses immigrées, a fait savoir Zemmour à ses équipes.

Quid du covid ? Le sujet embrase l'entourage d'Éric Zemmour. « On m'a pressé de prendre des positions radicales », révèle le presque candidat. Certains de ses proches, comme l'ex-député Jean-Frédéric Poisson, ont évoqué publiquement la dangerosité du vaccin. Beaucoup de ses soutiens se scandalisent des mesures d'incitation à la vaccination. Le 17 juillet, au matin de la première manifestation d'opposition au passe sanitaire, Zemmour est un peu mal à l'aise. La tribune publiée dans *Le Figaro* par François-Xavier Bellamy, qui évoque un « précédent redoutable en matière de contrôle permanent et de droits différenciés », l'a touché, mais il ne s'oppose pas à la vaccination. Au fond, la thématique ne l'inspire guère. Il décide de partir en vacances, sans attendre le rassemblement. Sarah Knafo n'exclut pas de faire lire un texte à la tribune, au nom des amis d'Éric Zemmour, dans le cas où la mobilisation se révélerait un immense succès. Pour prononcer l'allocution, les noms de Benjamin Cauchy et Garen Shnorhokian sont évoqués. Finalement, il n'en sera rien. Le journaliste a préféré rester en retrait. Dans *Valeurs Actuelles*, le 11 août, il tente de ménager l'ensemble de ses troupes : « Je ne veux pas tomber ici dans des discussions folles ni m'opposer catégoriquement à la vaccination, mais je trouve délirant qu'il soit impossible, aujourd'hui en France, de questionner calmement la stratégie de vaccination pour tous. [...] La question à poser est donc bien celle de la liberté. » En conclusion, le polémiste joue sur du velours auprès des siens en s'en prenant à la fois aux juges et à l'immigration : « Les libertés individuelles des migrants sont mieux protégées par le juge que celles des Français. »

Éric Zemmour privilégie également la prudence sur la question européenne, qui inquiète beaucoup l'électorat bourgeois. Le Frexit, ne serait-ce pas le retour des droits de douane, la sortie de l'euro, et donc la ruine ? « Le problème européen ne figurera pas au cœur de mon projet », a depuis longtemps théorisé Éric Zemmour, comme il l'affirme à Patrick Stefanini en janvier 2021. À cette même époque, l'essayiste commence à demander des notes régulières à Bernard Monot, le « monsieur économie » historique du Front national, député européen entre 2014 et 2019. Ce stratégiste financier, cadre à la Caisse des dépôts, a un plan ficelé qu'il a détaillé dans un livre publié en 2019, *L'Eurovision pour les peuples*. « Il faut sortir de Bruxelles mais pas de l'Europe », nous expose l'ex-eurodéputé, qui a nommé son projet « le Bruxit ». Il s'agirait de rester dans l'euro tout en construisant progressivement une institution parallèle à l'Union européenne, appelée à la remplacer. Éric Zemmour observe aussi avec gourmandise la politique de la Hongrie et de la Pologne. Tout en restant dans le cadre officiel de l'Union européenne, ces deux pays assument d'ignorer certains oukazes de la Commission de Bruxelles. Un moyen de gagner sur les deux tableaux, d'appliquer ses idées sans rompre de façon nette avec le cadre institutionnel établi, se dit le journaliste du *Figaro*. Les courriers de remontrance s'accumuleront sur son bureau de président de la République, mais les instances n'oseront pas aller plus loin, pronostiquent ses proches conseillers.

Le 24 septembre 2021, Éric Zemmour a participé au Budapest Demographic Summit, organisé par des proches du Premier ministre hongrois Viktor Orban. Une rencontre avec l'homme d'État ultra-conservateur a même été montée. Le communicant Erik Tegnér, ami de Sarah Knafo et boursier du Danube Institute, un think tank lancé par la Hongrie pour rallier les conservateurs européens à son idéologie, était à la manœuvre depuis de longues semaines. Le fondateur du Fidesz inspire l'essayiste. En quelques années, il a su se détacher de la plupart des contraintes de l'État de droit tout en restant populaire dans son pays et ce sans être mis au ban de l'Europe. Si le journaliste pourrait se réclamer de sa pratique du pouvoir, son véritable modèle se situe plus à l'ouest. Il se nomme Donald Trump. Pour l'emporter, Éric Zemmour entend mener une campagne calquée sur celle du bateleur du Parti républicain, la vulgarité grossière en moins. Comme un clin d'œil appuyé, la couverture de *La France n'a pas dit son dernier mot*, pavoisée du drapeau bleu-blanc-rouge, apparaît largement copiée de *Great Again*, l'ouvrage programmatique du quarante-cinquième président américain.

Dans la conquête de l'Elysée de l'essayiste, tout doit être trumpiste. La répartie cinglante dans les débats, sur lesquels le quasi-candidat fonde beaucoup d'espoir. Les thèmes de campagne, surtout. « Trump a tout compris avec quatre lettres : wall », explique Samuel Lafont, en référence au mur que le candidat promettait de construire à la frontière avec le Mexique. À chaque fois qu'on tentera de le sortir de ses sujets de prédilection, Zemmour répondra « immigration » et « islam ». Il répondra aussi « bien-pensance », « politiquement correct », « bisounours » et « droit-de-l'hommisme » : comme Donald Trump avait vu dans Hillary Clinton, et dans l'entre-soi du Parti démocrate, le repoussoir absolu de ses électeurs, Éric Zemmour a prévu de s'en prendre aux élites parisiennes, pétries de bons sentiments depuis leurs beaux quartiers. Il se posera lui-même en victime de leurs coups tordus. Il a déjà commencé. Depuis qu'il envisage de se porter candidat à la présidentielle, le pamphlétaire se dit victime d'une justice politique, d'un éditeur lâche, Albin Michel, d'une institution publique politisée, le CSA. On veut le faire taire. En alimentant une polémique par jour, l'essayiste vampirise le débat. Les médias, les autres prétendants ne parlent que de lui.

Dans *Une élection ordinaire*, son ouvrage de politique-fiction publié en 2015, le journaliste Geoffroy Lejeune imaginait ce cas de figure précis. Les autres candidats plaçaient Zemmour au centre du jeu, persuadés de se renforcer en en faisant leur premier adversaire. À l'arrivée, le polémiste, meilleur débatteur, meilleur stratège, l'emportait. Avec les voix des « *white angry males* », comme on désigne, outre-Atlantique, l'électorat trumpiste. En France, « Z » joue la revanche des « roumis ».

Rien ne prédestinait Éric Zemmour à devenir le tribun des grands-remplacés. Son parcours, qui serpente d'une école privée juive aux sunlights de la télé, via Sciences Po, une agence de publicité, un journal de dandys de droite et le quotidien-joujou d'un hiérarque mitterrandien, évoque plutôt la trajectoire classique d'un transfuge de classe dans le milieu médiatico-littéraire parisien. Avant que brusquement, tout bascule. L'histoire commence à Drancy. Ou peut-être est-ce en Algérie.

CHAPITRE 4

Rubempré et Poulidor

Chez les Zemmour, la réussite prend d'abord la forme d'un tour en bateau-mouche. Il s'agit du prix d'excellence distribué à Lucien-de-Hirsch, l'école privée juive que le jeune Éric fréquente à partir de 1966.

Il a huit ans. Ses parents habitent alors cette Seine-Saint-Denis où poussent ces grands ensembles qu'on commence déjà à appeler HLM. Éric est né le 31 août 1958 à Montreuil. Une poignée d'années plus tard, Roger Zemmour et Lucette, née Lévy, ses parents, s'installent à Drancy. Peu avant le début de la guerre, en 1952, le couple a quitté l'Algérie pour Montreuil, avec leurs parents et leurs fratries. Les grands-parents paternels, Justin et Rachel résident toujours dans la banlieue parisienne. En réalité, ils s'appellent Liaou et Messouka, mais ont tenu, à leur arrivée en métropole, à adopter des noms français. De même, la grand-mère maternelle d'Éric se prénomme Ourida mais elle préfère utiliser son second prénom, Claire. Avec son mari Léon, ils vivent dans une cité de Stains. Un des frères de Roger a épousé une sœur de Lucette, ce qui fait des jeunes Zemmour-Lévy des doubles cousins. La famille forme une petite communauté soudée.

Roger exerce la profession de préparateur en pharmacie, s'apprête à devenir ambulancier, tandis que Lucette est mère au foyer, leur fils cadet, Jean-Luc, est né en 1961. À la fenêtre de leur appartement, au rez-de-chaussée 22, résidence Louis-Faidherbe, située près du centre-ville, elle a pris l'habitude d'interpeller son aîné qui joue au foot, pour qu'il aille acheter le pain ou une bricole pour le repas. Sur le trottoir, les amis du môme interviennent, se proposent à qui mieux-mieux. L'ambiance paraît si légère, loin du tumulte algérien. Dans le huis clos familial, on ne regrette pas le départ. Si on se souvient de la chaleur humaine, on n'a rien oublié de l'antisémitisme, du mépris de classe des colons et des insultes dans la rue de la part de ceux qu'on perçoit comme « les Arabes ».

En 2018, le journaliste retournera pour la première fois sur les terres de son enfance, pour « Les Terriens du dimanche », une émission de Thierry Ardisson sur Canal +. Affublé d'un polo Fred Perry à liseré bleu-blanc-rouge, il déambule devant l'immeuble à cinq étages où il a grandi, longe le toboggan dans lequel il s'est souvent glissé. Sourires nostalgiques et regard brumeux. Le voilà redevenu pendant un instant un garçonnet rêveur, renvoyé à l'époque qu'il idéalise, cette France des années 1960 qui fait figure, dans les films de Claude Sautet qu'il aime tant, de havre perdu.

Éric Zemmour n'a physiquement rien de Michel Piccoli, mais on retrouve, dans les rictus mélancoliques de l'éditorialiste conservateur, le désarroi du chef de famille ringardisé de *Vincent, François, Paul… et les autres*, longuement décrit dans *Le Suicide français*. « Pour moi, la banlieue, c'était le paradis, quand j'étais petit », ressasse le journaliste, en se remémorant les parties de Monopoly dans le garage, le mini-golf du square. Il se souvient des immigrés italiens, espagnols, et aussi des noms bien français sur les boîtes aux lettres. Les Minot au quatrième étage, les Martin au deuxième, mais « évidemment pas de femme voilée », précise-t-il toujours. « J'ai grandi ici avant le regroupement familial. »

André Minot, né en 1956, un des quatre rejetons de la fratrie du quatrième, se souvient très bien de son copain Éric Zemmour, le gamin du rez-de-chaussée avec qui il tuait le temps, à une époque où les téléphones portables relevaient de l'inimaginable, où le poste de télévision était considéré comme un objet de luxe. « On passait des journées à se raconter des histoires, à imaginer des aventures. Il avait déjà une faconde. » Ce fils d'un ouvrier spécialisé dans le bâtiment est issu d'une grande famille, les Minot-Massat, largement installée résidence Faidherbe, et dont deux membres sont des rapatriés du Maroc et de Madagascar. « On était dix enfants de la famille dans la résidence », se remémore-t-il.

Éric Zemmour se mêle très facilement à ces gaillards de confession catholique, il les suit à la piscine de Pantin, dans leurs courses poursuites avec des bandes rivales du quartier. Le gardien, monsieur Molinier, s'agace de ces garnements qui abîment les pelouses. Le père d'Éric demeure respecté de tous en raison de l'ambulance qu'il ramène tous les soirs sur le parking de la résidence. « Pour nous, avec sa sirène et son ambulance, Roger était presque un médecin, il bénéficiait d'une aura. Éric ne nous détrompait pas sur ce point », sourit André Minot. Dans cette cité du centre de Drancy, la diversité est représentée par quelques rares camarades de classe, Albert, franco-congolais, ou Chang, issu d'une famille d'Indochine. Dans le souvenir du sexagénaire, Abdelkader est le seul élève de religion musulmane de l'école primaire Pierre-Sémard. Sur les murs des rues avoisinantes, il se souvient tout de même des graffitis « OAS vaincra », encore visibles des années après la fin de la guerre d'Algérie, vestiges d'un passé qui ne passe pas complètement. « Il y avait aussi l'hôpital franco-musulman de Bobigny, où on allait se faire soigner. Mais hormis ça, je n'ai aucun souvenir qu'on nous ait parlé d'islam ou du conflit algérien. »

Le jeune Éric habite encore à Drancy quand son père décide, sur les conseils d'un oncle, de l'inscrire à Lucien-de-Hirsch, avenue Secrétan à Paris, en bas des Buttes-Chaumont. Les Zemmour sont pratiquants et, à l'époque, l'école du XIXe arrondissement est quasiment le seul établissement juif de la région parisienne à accueillir des enfants dès la « neuvième », dit-on alors, l'équivalent du CE2. Avec ses mosaïques à fragments jaune-beige-gris, ses escaliers à grandes marches en bois qui craquent et ses plafonds très hauts, le bâtiment est typique de ces édifices construits à la chaîne au tournant du siècle.

L'endroit se veut une institution, d'obédience traditionaliste, même si les fils de familles orthodoxes se mêlent facilement aux jeunes gens moins religieux. Repris après la Seconde Guerre mondiale par le couple formé par Marianne et Bernard Picard, des Juifs alsaciens lettrés et porteurs d'une idée de l'éducation élitiste et autoritaire, il accueille volontiers la diaspora séfarade rapatriée d'Algérie. Les classes ne sont pas mixtes, filles et garçons ne se retrouvent que dans la cour entourée de murs de briques orangeâtres, qui contient à grand-peine les trois classes par niveau que compte l'école, jusqu'à la cinquième. Il faut porter la kippa en classe, et dire sa prière avant le début des cours. M. Julien, ce surveillant général bonhomme que les enfants ne connaissent que par son prénom, veille. Pendant la guerre des Six Jours, en juin 1967, un élève passera ses récréations à réciter des psaumes pendant que ses camarades s'amusent.

Éric Zemmour s'adapte très facilement, sa jovialité naturelle en fait un petit garçon facile, malgré des « moments d'intensité » que son meilleur copain, Éric Eisenberg, le fils du rabbin Josy Eisenberg, qui présente « La source de vie », tous les dimanches matin sur l'ORTF, a déjà remarqués. Sur sa photo de classe de l'année 1966-1967, on peut apercevoir le jeune Éric avec une grande calotte blanche sur la tête, les yeux perdus dans le vague, pendant que ses camarades observent l'objectif. Cet air doucement cafardeux, qui l'a saisi lors de son retour à la résidence Faidherbe, le traverse déjà épisodiquement.

Un an plus tard, le revoilà radieux sur le même cliché, bras dessus-bras dessous avec Éric Eisenberg. Les deux enfants forment un inaltérable duo, les chouchous des professeurs. Il y a Philippe Nabet, l'enseignant de mathématiques, qui découpe un petit carré dans son journal pour surveiller les élèves pendant les contrôles, ou Max Azria, chargé de l'anglais, connu pour son accent tunisien prononcé.

« Nous étions les deux plus petits de la classe, ça rapproche », se souvient Éric Eisenberg, alors aussi blond que le futur journaliste est brun. L'aîné des Zemmour lui fait tendrement penser à un « petit ouistiti », déjà « espiègle, presque hyperactif ». Roger, son père, le surnomme d'ailleurs parfois Zébulon, en référence au personnage sur ressort du *Manège enchanté*. Les deux se disputent la première place de la classe, selon la mémoire de l'essayiste. « Il prétend que ça dépendait des matières, mais dans mon souvenir, j'étais le premier et lui le deuxième », rit aujourd'hui Éric Eisenberg, qui rejoint le collège Louis-Legrand en troisième et perd de vue son acolyte.

En 2010, peu après le décès de la mère d'Éric Zemmour, Mylène Chichportich, son épouse, le contacte : « Éric parle souvent de vous, vous lui manquez. » Toujours cette nostalgie qui l'étreint par intermittence.

À Lucien-de-Hirsch, les bonnes notes donnent droit à des récompenses. Le premier de la classe se voit offrir, à chaque trimestre, un voyage en bateau-mouche, au bord de la Seine, pour deux. Tout pour plaire à Lucette Lévy. « Tant que j'étais premier de la classe, ma mère me laissait tout faire. Si j'étais deuxième, elle me comparait à Poulidor », a longtemps raconté Éric Zemmour. À la maison, le silence est exigé lorsque Éric révise. Quand Roger réclame qu'il rejoigne le reste de la famille, c'est Lucette qui intervient pour qu'il puisse rester dans ses ouvrages. Et lorsqu'à dix ans le moniteur d'une colonie de vacances lui apprend que son fils est resté à l'écart, durant tout le séjour, pour lire un livre sur

Napoléon d'André Castelot, avec sa couverture verte cartonnée, la mère se révèle, contre toute attente, ravie. Éric sera un intellectuel, elle en est convaincue.

Cette confiance dans le modèle méritocratique s'accompagne d'un grand attrait pour la culture française. Chez les Zemmour, on chante Aznavour et on note les plus belles phrases de Victor Hugo, que Roger récite, à l'occasion, lors du repas. Le patriarche s'affiche profondément patriote, reconnaissant à la France d'offrir aux siens la possibilité d'une élévation sociale.

Juifs, français, originaires d'Algérie... Dans la famille, l'identité devient inévitablement un sujet de querelle, que les menées anti-israéliennes, lors de la guerre des Six-Jours, puis celle de Kippour, en 1973, avivent. Lors des réunions de famille, on s'écharpe sur de Gaulle, et sa phrase sur le peuple juif, « sûr de lui et dominateur ». Face à ses frères, Roger défend le libérateur de la France et le grand manieur de mots. Il fait partie de ceux qui sauteront avec gourmandise sur sa formule, rapportée par Alain Peyrefitte dans *C'était de Gaulle*, publié en 1994, à propos de l'impossible accueil de tous les Arabes algériens. « Mon village ne s'appellerait plus Colombey-les-Deux-Églises, mais Colombey-les-Deux-Mosquées ! » récite Roger, bientôt de concert avec son fils.

Cela ne l'empêche pas de parler l'arabe dans les bars de la Goutte-d'Or, où il aime se perdre des nuits entières dans des jeux d'argent. Dans la langue d'Avicenne, Zemmour, un nom de famille berbère, signifie « olivier ». Un jour, le grand-père d'Éric lui montre un timbre avec la photo d'un combattant enturbanné. Lui aussi s'appelle Zemmour. Il s'agit d'un membre d'une tribu berbère rétive à la colonisation française, au XIXe siècle. Le jeune garçon comprend vite que l'identité est faite de traumatismes familiaux. Charge à lui de les endosser ou de s'en défaire.

Invité à se raconter, Éric se dira continuellement « juif berbère » mais se récriera dès qu'on le qualifiera d'« Arabe ». « Les Berbères ont été colonisés, massacrés, persécutés par les Arabes, islamisés de force », rappelle-t-il.

Roger Zemmour gardera toute sa vie un lien fort avec le rite juif. En 1967, il se précipite à Jérusalem, en revient plein de fierté pour cette armée qui a brillamment écrasé l'offensive égyptienne. Jeune garçon déjà, lorsque Éric Eisenberg se rendait chez les Zemmour, Roger avait toujours un mot sur la dernière émission du père de l'ami de son fils. Pour autant, la règle est claire. On est juifs dans le privé, français partout ailleurs. Quand Éric et Jean-Luc sortent de la synagogue avec leur kippa, Lucette les houspille. La mère de famille préfère d'ailleurs parler d'« israélites », un vieux terme désignant les citoyens français juifs, souvent présents en métropole avant la Seconde Guerre mondiale, qu'Éric Zemmour ne cessera jamais d'utiliser.

Marianne Picard incarne aussi ce positionnement. La directrice de Lucien-de-Hirsch a étudié l'histoire à la Sorbonne, dans le cours de René Rémond, le grand spécialiste de la politique française. Elle initie les enfants à *La Marseillaise*, aux grands textes de la culture classique. Le niveau d'exigence est très élevé, même pour l'époque, les redoublements s'avèrent fréquents.

Éric Zemmour, lui, tient le rythme sans difficultés. *Les Trois Mousquetaires* de Dumas, *La Comédie humaine* de Balzac, *Le Monde*, il lit tout à toute vitesse, frénétiquement. En même temps, il parfait sa culture religieuse. Tous les jours, les quelque cinq cents élèves de l'école planchent pendant plus d'une heure sur les textes saints. Les fêtes juives sont célébrées comme il se doit, avec notamment la journée de Pourim, en début d'année, où même les enseignants apparaissent déguisés.

La patronne des lieux, qui porte la perruque, continue de transmettre l'histoire tragique de l'établissement. En 1943, les précédents directeurs, Alice et Nathan Schentowski, Français nés à Paris, ont été arrêtés dans l'exercice de leurs fonctions, déportés le 2 septembre par le convoi 59 puis assassinés à Auschwitz. Le 24 juillet 1944, cent sept enfants, français dans leur immense majorité, et onze de leurs maîtres ont eux aussi été arrêtés à Lucien-de-Hirsch par la police allemande, puis déportés et assassinés dans le même camp de concentration.

Le 28 mars 1954, à une époque où ce type de cérémonie s'organise encore très rarement, une plaque commémorative est inaugurée devant l'école, en présence d'André Marie, le ministre de l'Éducation nationale. « La France généreuse aura à cœur, elle qui a souffert avec vous, d'effacer autant qu'il sera possible les marques d'un crime dont elle ne veut qu'il puisse être porté au passif de l'humanité. Témoin et acteur elle-même de ce que l'homme a porté de plus noble et de plus pur, la France se sent tenue de réparer l'outrage », déclare l'élu, par ailleurs muet, comme il se doit dans ces années, sur la responsabilité de l'État.

Tous les matins, les élèves passent devant cette liste de noms qui rappelle l'horreur des rafles. Chaque année, une partie des prix remis aux plus méritants sont décernés par des descendants de personnes assassinées pendant la guerre raconte Raphaël Elmaleh, auteur d'*Une histoire de l'éducation juive moderne en France – L'école Lucien de Hirsch*, en 2006. Le bilan sera plus tard revu à soixante et onze victimes mineures et onze adultes.

Quand Éric Zemmour intègre Yabné, le collège-lycée où les pensionnaires de Lucien-de-Hirsch sont naturellement dirigés à partir de la quatrième, une autre guerre éclate, celle du Kippour, en 1973. L'établissement se situe rue Claude-Bernard, dans ce V^e^ arrondissement qui constitue, dans l'imaginaire des années 1970, le cœur de l'intelligentsia parisienne. Les élèves ne sont pas vraiment dépaysés, puisque l'école est dirigée par Bernard

Picard, selon les mêmes préceptes très « Troisième République » qu'à Lucien-de-Hirsch. M. Hababou, le professeur d'hébreu, s'emploie en particulier à maintenir une discipline maximale dans ses cours. Il n'est pas rare qu'un garçon venu en jean ou une fille maquillée soient renvoyés chez eux.

Éric Zemmour habite Paris depuis 1969. Ses parents se sont installés rue Doudeauville, près de la gare du Nord, dans un petit appartement où il fait ses devoirs dans la cuisine. Roger Zemmour est sur le point de créer son entreprise d'ambulances. Il s'absente souvent pour le travail, ou pour jouer. Lorsqu'il est là, les débats se finissent parfois à coups de ceinture.

En classe, l'enfant virevoltant s'est mué en adolescent studieux. Il se prend de passion pour les cours de français et ceux d'histoire, même s'il optera pour un bac B, spécialité économie. Ces moments où il paraît ailleurs, absorbé dans une discussion intérieure, font désormais partie de sa personnalité. Dans sa tête, les batailles des *Trois Mousquetaires* ou les *Illusions perdues* de Balzac, racontera-t-il plus tard.

Le journaliste aime faire de sa découverte de la grande littérature française un élément autobiographique majeur. « Trente ans après, mon éblouissement est resté le même. En quelques centaines de pages, j'avais découvert tout à la fois la littérature et la France. Pour moi, elles resteront à jamais indissociables », écrit-il à propos des romans de Dumas, dans un chapitre rédigé pour *Une idée certaine de la France*, un ouvrage collectif coordonné par Alain Griotteray, éditorialiste et député souverainiste, en 1998.

Dans cette mythologie, le personnage de Lucien de Rubempré tient lieu de modèle. Lorsqu'il crée son auto-entreprise, en 2008, pour toucher ses cachets télévisuels, il lui donne d'ailleurs le nom du dandy de Balzac. « C'est sans doute en lisant, à onze ans, *Illusions perdues* que j'ai voulu être journaliste et écrivain. Ce livre magnifique concentre tout ce qui me passionne : l'histoire, le journalisme, la littérature. Je rêve, aujourd'hui encore, de cette scène où Lucien de Rubempré, le poète devenu journaliste qui ambitionne d'écrire des romans historiques, lit son premier article sur une pièce de théâtre au milieu de la troupe, en espérant séduire l'actrice principale. Il y parvient sous les applaudissements », confie-t-il à Brigitte Baudriller, auteure de *Elle et Eux et le journalisme*, en 2005. Attirance singulière. Parmi les héros de l'œuvre de Balzac, Zemmour penche pour le tombeur de ces dames, qui surcompense sa condition sociale modeste par un panache inouï, plutôt que pour Eugène de Rastignac, l'ambitieux qui ne rêve que de devenir riche et ministre.

« Rubempré, c'est plus original que Rastignac. Rubempré est plus littéraire, plus féminin. Il me correspond plus », relève l'essayiste.

Éric Zemmour rêve d'une gloire démesurée plus que d'un établissement bourgeois. Il gardera cet intérêt pour les aventuriers de la politique, obsédés par le destin du pays, plus que pour les notables arc-boutés sur le sérieux des comptes.

Dans un discours prononcé dans les locaux de l'Institut de France pour l'association Défense de la langue française, en 2011, le journaliste dévoilera un autre aspect de ce qui l'a attiré chez Rubempré : « La première fois que j'ai voulu être journaliste, je devais avoir treize-quatorze ans ; c'était en lisant les *Illusions perdues*. Je ne sais pas si vous vous en souvenez : quand Lucien de Rubempré se retrouve entouré d'actrices – je pense que c'est surtout cela qui me plaisait –, il leur lit son article superbe, d'une qualité littéraire absolument magnifique et d'une si grande virtuosité. Évidemment, toutes les actrices l'acclament ! Alors, je me suis dit : "Vraiment, tout cela me plaît beaucoup." » Histoire classique du jeune garçon timide qui se rêve en Christian de *Cyrano*.

À Yabné, Éric Zemmour n'a pas laissé le souvenir d'un grand séducteur. Plus tard, il racontera avec quelle envie il regardait les sœurs de ses copains, mais à l'époque il ne le dit pas. « Les filles, il n'en parlait jamais, c'était quelqu'un de très studieux, il avait envie de sortir du lot », sourit Alain Chichportich, son vieux copain de lycée, qui, à l'inverse, multiplie les flirts. Yves Lévy, le meilleur ami et cousin d'Éric, un grand brun ténébreux, fait également tourner les têtes.

Pour l'heure, Éric Zemmour exprime son talent exclusivement en salle de classe. « Il avait l'assurance pour poser des questions, dans tous les cours, à tous les profs », se rappelle sa camarade Martine Saada. Il fait partie des élèves avec qui tout le monde discute dans la cour. En revanche, une fois la journée terminée, il s'évapore, ne participe jamais aux plans tordus de ses copains pour sécher le lycée ou se rendre dans un bar. « On allait au Whisky à Go Go, rue de Seine, tous les dimanches. Il n'est jamais venu. Il avait gardé ce complexe de l'ancien banlieusard, qui n'aime pas se déplacer dans Paris », se souvient Alain Chichportich.

La période se révèle riche en actualité musicale, entre les tubes du rock'n'roll, du disco et de la variété. En 1975, Mike Brant se suicide et les élèves se réunissent dans la cour pour le pleurer. Éric Zemmour adule les Rolling Stones, porte un moment les cheveux longs frisés. L'esprit de rébellion s'arrête là. À la maison, on presse l'aîné de réussir, beaucoup plus que son frère Jean-Luc, qui a pris l'habitude de fumer des cigarettes avec son grand ami Meyer Habib, le futur député, lui aussi élève de Yabné.

« Ma mère m'idolâtrait, beaucoup plus que mon frère », aimera à répéter Éric, avec une certaine jubilation.

Les deux frères ne seront jamais proches. Jean-Luc habite Levallois, dans les Hauts-de-Seine, a exercé mille professions, dont celles de libraire, de commercial dans une compagnie d'assistance aux voyageurs et de consultant. Depuis le décès de leurs parents, en 2013, ils se voient un peu plus, assure Éric. En 2002, il lui dédie sa biographie de Jacques Chirac, accompagnée de cette citation alexandre-dumesque : « Un pour tous, tous pour un. »

Lorsque Chichportich et Lévy chahutent, comme lors d'un week-end dans le château d'Alain de Rothschild, le président du conseil d'administration du lycée, à Vernon, dans l'Eure, où cinquante élèves sont présents, Éric Zemmour se place en retrait, observateur. « Mais il participe aux débriefings », rigole Alain Chichportich.

Il n'y a guère qu'en cours d'anglais qu'il se permet quelques fous rires, devant l'accent allemand de M. Kartz. Et puis il y a cette causticité avec laquelle il observe ses camarades déjà politisés, engagés auprès de Michel Rocard ou d'organisations de jeunesse juives. « À quinze ans, il était déjà décalé par rapport au militantisme, observait ça de très très loin », confirme Alain Chichportich.

Pour se défouler, l'adolescent pratique le football. Une quinzaine d'élèves du collège-lycée ont fondé le YOC, pour Yabné Olympique Club. Tous les dimanches, les jeunes gens vont jusqu'à Villeneuve-Saint-Georges, dans le Val-de-Marne, participer à un championnat régional à onze contre onze. Éric Zemmour joue ailier gauche, et bien. « Un teigneux », se souvient Chichportich. Sur le terrain, il peut laisser échapper la colère qu'il contient le reste du temps.

Le futur journaliste connaît tout sur tout, supporte l'AS Saint-Étienne, en finale de la Coupe des champions au printemps 1976. En l'honneur de l'épopée des Verts, ses camarades ont surnommé Éric Zemmour « Rocheteau », du nom de l'attaquant du club aux cheveux sauvages. Au même moment, « Zébulon » obtient son baccalauréat. Il s'inscrit au concours de Sciences Po. La bande du YOC se sépare.

CHAPITRE 5

L'humiliation

Jean-Louis Berthet s'apprête à finir l'appel. En cette rentrée 1976, il est débordé. En plus de son cours de droit constitutionnel en première année de Sciences Po, qu'il est sur le point de donner, ce magistrat à la Cour des comptes vient d'être nommé conseiller technique de Françoise Giroud, la nouvelle secrétaire d'État à la Culture.

Âgé de trente-cinq ans, Jean-Louis Berthet a cette aisance aristocratique des hauts fonctionnaires sûrs de leur position. Il a vite adopté les tics de la profession, ces petits mots cérémonieux comme « bien », qu'on utilise pour commencer une phrase. Le dernier nom de la liste commence par un Z. Il s'agit d'Éric Zemmour.

Lorsqu'il prononce le patronyme, le professeur ne peut s'empêcher de poser une question qu'il accompagne d'un léger rictus : « Êtes-vous de la famille des frères Zemour ? » Interrogation vache de la part de quelqu'un qui n'a pas pu ignorer que cette fratrie de gangsters, qui sème la terreur dans Paris, s'épelle avec un seul *m*, et son nouvel étudiant avec deux. Dans la salle de classe, quelques élèves gloussent. L'intéressé encaisse, défait, d'autant plus blessé que son propre grand-père vit très mal cette homonymie avec ces bandits proxénètes. « Notre nom est traîné dans la boue », murmure-t-il froidement.

Éric Zemmour vient de faire connaissance avec le mépris de classe. Il faut dire que dans le Sciences Po très corseté de 1976 son profil détonne. « Avec sa chemise pelle à tarte, son étoile de David autour du cou et ses cheveux frisés, il faisait un peu Mike Brant à côté des loden et mocassins », se souvient Pierre Bédier, un de ses premiers copains dans l'établissement, aujourd'hui président du département des Yvelines.

Les « fils de famille », comme on désigne alors ces rejetons de l'Ouest parisien, reconnaissables de loin à leur uniforme costume-manteau long, considèrent le lieu comme leur chasse gardée, eux dont les parents connaissent qui un ministre important, qui un professeur. La grande école des sciences politiques vit une période de gloire. Alors que le président de la République, Valéry Giscard d'Estaing, est déjà un ancien élève de l'école, son enseignant star, Raymond Barre, surnommé « le meilleur économiste de France », vient d'accéder au poste de Premier ministre. Les impétrants ont l'impression flatteuse de pénétrer dans le saint des saints.

Pour Éric Zemmour et sa famille, l'admission, début septembre, représente un bonheur intense. Le soir, son grand-père cordonnier ouvre une bouteille de champagne et se saoule. L'idéal méritocratique français n'est pas une utopie, son petit-fils l'incarne. Tous les jours, même quand il n'a pas cours, celui-ci prend la ligne 4 du métro depuis la gare du Nord jusqu'à Saint-Germain-des-Prés pour plancher à la bibliothèque. Il lui faut prouver que, comme Rubempré quittant Angoulême pour conquérir Paris, il peut s'illustrer loin du cocon quasi familial de Yabné. « Éric était polard, il bûchait, tout le temps », résume Pierre Bédier. Yves Lévy l'accompagne. Ce cousin si séduisant a aussi réussi le concours de Sciences Po. Les deux étudiants, le grand et le petit, forment un duo atypique, bientôt brisé par l'exigence de « l'année préparatoire », cette remise à niveau générale d'un an à l'issue de laquelle seulement deux tiers des élèves passent en deuxième année. Yves Lévy est recalé.

À l'inverse, Éric Zemmour se révèle. L'année préparatoire se décompose en trois grands cours, le droit constitutionnel, l'histoire et l'économie. Étonnamment, pour qui connaît sa passion pour la matière, ce n'est pas en histoire que « Zébulon » brille particulièrement. Il y est devancé par Pierre Bédier.

En économie, en revanche, l'étudiant impressionne le maître de conférences, Patrick Careil. À la lecture d'un de ses devoirs, bourré de références, ce jeune inspecteur des finances de vingt-neuf ans, promis à la fine fleur de l'élite administrative française et bientôt conseiller de Laurent Fabius, convoque l'élève : « Vous êtes vraiment très bon, vous devriez passer l'ENA. » Éric Zemmour n'y a jamais vraiment songé. La fonction publique ne l'attire pas particulièrement non plus. Pour autant, ce conseil fait l'effet d'un électrochoc. Pour ses camarades, qu'il rêve de dominer intellectuellement, l'ENA représente le Graal. S'il l'obtient, sa position est assurée pour toujours. « En fait, je visais l'ENA pour toujours continuer à être premier de la classe, pas vraiment pour être haut fonctionnaire », avouera-t-il à Nicolas Kaciaf, un chercheur qui l'interroge sur son parcours, en 2003.

Le voilà qui redouble d'efforts à la bibliothèque du 30 de la rue Saint-Guillaume, qu'il préfère à celle du 27, qu'on surnomme « l'aquarium », lieu de toutes les mondanités, prisé par les vedettes de l'école, comme Pierre Moscovici, Guillaume Pepy ou ces militants d'extrême gauche qui appellent à la révolution. « Éric observait tout ça avec un sourire en coin, ironisait sur le décalage entre le discours de ces jeunes gens et leur parcours. Il évoquait les étudiants libertaires avec dérision », se remémore Philippe Desfossés, un des camarades avec qui le futur éditorialiste s'est lié d'amitié.

« Zemmour me semblait vaguement rocardien, comme tout le monde à Sciences Po, mais sans être militant », croit se rappeler Pierre Bédier. Déjà, l'étudiant aime ces parties de ping-pong rhétorique où il essaye de rallier son interlocuteur à son point de vue. « Il aimait parler, surtout politique, c'était quelqu'un d'affable, de vif, qui furetait, avec un œil critique sur tout», confirme Serge Federbusch, à l'époque au Parti socialiste, avec qui l'ancien banlieusard débat à n'en plus finir dans la Péniche, le grand hall d'entrée de l'école. «Et drôle!» ajoute Pierre Bédier.

Avec Philippe Desfossés, Yves Lévy ou Pascale Nicouleau, qui épousera plus tard Pierre Bédier, Éric Zemmour découvre occasionnellement la vie nocturne parisienne, le Bus Palladium, le Palace. Sans s'y sentir très à l'aise. Avec la gent féminine, cette même réserve le poursuit depuis le lycée, bien que ses grands yeux verts en troublent certaines. L'intéressé confie à ceux qui l'interrogent avoir «peu profité de la libération sexuelle», pendant ces années étudiantes. «C'était un étudiant gentil, timide et fin», se rappelle Pierre Moscovici. Et travailleur.

Dans son entourage, depuis qu'il a été brillamment reçu à la fin de la troisième année, en 1979, dans la filière service public, chacun est persuadé que le natif de Montreuil va intégrer l'ENA. Il est formé par les meilleurs enseignants. Raoul Girardet en histoire, Georges Vedel en droit, Alfred Grosser en science politique et en économie par un jeune énarque qui s'appelle François Hollande. Au printemps 1980, une grande nouvelle traverse les amphithéâtres. Le jury de l'ENA va être présidé par René Rémond, l'historien des droites françaises, un des barons du corps professoral de Sciences Po. L'ancien professeur de sa première directrice à Lucien-de-Hirsch, Marianne Picard, comment espérer un meilleur présage? Même le service militaire n'est plus une angoisse, depuis qu'Éric Zemmour s'est fait réformer après ses «trois jours», pour une monoarthrite du genou avec épanchement de synovie.

L'écrit se passe comme prévu. Éric Zemmour est admissible, malgré une mauvaise note en anglais. Face à son destin, ne se dresse plus que le grand oral, un exercice qu'il maîtrise en théorie très bien. «Combien de touristes français partent chaque année en Espagne? lui demande un des examinateurs. – Trois cent mille», tente l'étudiant. C'est trois millions. Lorsque les résultats sont publiés, l'aîné des Zemmour ne figure pas dans la liste des admis. Aujourd'hui encore, il reste persuadé que c'est cette erreur factuelle qui a causé sa perte, autant que son profil social relativement atypique. « Ce complexe social, c'est moi qui me le suis mis, j'étais intimidé. J'avais intériorisé cette différence de classe », analyse-t-il quand nous le rencontrons. Rude échec, en tout cas, après tant de travail et tant d'éloges de ses camarades et professeurs.

« Cela a été une énorme surprise pour tout le monde », analyse Philippe Desfossés. « Une blessure », note Pierre Bédier. Quarante ans plus tard, l'entrepreneur Hugues Dewavrin imagine, à la lumière du récit parcellaire que lui a fait son ami, à quel point l'épisode a pu le meurtrir : « Vous avez la pression de votre famille, vous êtes admissible, pour elle c'est fait, vous allez en être, c'est sûr. Et puis vous rentrez bien penaud pour annoncer aux vôtres que, finalement, c'est non… Tout s'écroule »

L'année suivante, il retente le concours, échoue une nouvelle fois. Quelque chose se casse. Il lui faut observer ses camarades intégrer l'école de ses rêves, Philippe Desfossés, Serge Federbusch ou Pierre Moscovici. Lui, de qui on attendait tant, reste bloqué à la porte de l'ascenseur social. Tournant de sa vie et mythe fondateur.

Après dix ans à côtoyer le personnage, Lise Boëll, l'amie éditrice, explore une piste rarement empruntée : « L'ENA, c'est un trauma c'est certain, lui-même l'avoue volontiers. Peut-être parce que ce trauma finalement est un trauma cultivé au fil du temps pour d'autres raisons inconscientes » La réussite devait compenser les fêlures intimes. Parce que son plan échoue, Éric Zemmour se retrouve nu face aux manques qu'il a toujours refoulés. Dans un premier temps, le diplômé de Sciences Po cède, à vingt-trois ans, à une sévère dépression. « J'étais vraiment très désorienté, très abattu par mon échec parce que c'était le premier échec scolaire de mon existence. Et je ne savais pas quoi faire », confie-t-il à Nicolas Kaciaf. Il s'inscrit en troisième cycle d'économie internationale à Sciences Po, le diplôme dirigé par l'économiste Jean-Claude Casanova, tente de suivre la prep'ENA en même temps. Les mathématiques en anglais ont rapidement raison de ses forces déclinantes. « J'ai explosé », résume-t-il.

Ensuite, Éric Zemmour vivote quelque temps. Il se rend plusieurs fois à New York, et doit essuyer, à l'aéroport de départ, des contrôles d'identité tatillons en raison de son nom de famille. Une petite amie américaine, rencontrée à l'IEP, l'attend sur place. Il candidate à un poste d'expert à la FNSEA, le syndicat agricole, mais un fils d'exploitant est finalement retenu à sa place. Même dans le monde rural, les rejetons de la bourgeoisie lui passent devant. En 1983, un peu désœuvré, l'ex-étudiant, pas encore salarié, se lance dans l'écriture d'un livre. Il s'agit d'une autobiographie romancée, sur l'histoire de sa famille. « Il y avait un souffle », nous assure l'essayiste. Chez Gallimard, la maison d'édition à qui il a envoyé le manuscrit, le poète Jacques Réda, membre du comité de lecture, a repéré l'ouvrage : « C'est formidable. » Il lui fait miroiter une publication, à condition d'effectuer quelques modifications formelles. L'apprenti écrivain essaye de s'y mettre, puis renonce.

À la stupéfaction de ses proches, Éric opte ensuite pour la publicité, afin de gagner rapidement de l'argent. La rémunération matérielle doit compenser l'échec du concours et le manque de reconnaissance qu'il ressent. Pendant deux ans, le jeune adulte vogue de petites missions en contrats courts.

En 1984, il est recruté à FCA, pour Feldman Calleux & Associés, une des sociétés les plus en vogue de l'époque, où il reste plus longtemps que d'habitude. À l'époque, l'entreprise siège dans le grand immeuble haussmannien du 36, rue du Louvre, qui deviendra plus tard le local de la Commission nationale des comptes de campagne. Éric Zemmour a son bureau au quatrième étage, avec les budgétaires et les communicants. Il occupe le poste de chef de publicité, chargé de concevoir des stratégies pour les affiches et spots de pub, à la radio, à la télévision, dans la rue, dans les transports. Mais également de définir un budget et un programme qu'il faudra ensuite respecter.

Faut-il y voir un des secrets de sa maîtrise de la communication médiatique? À FCA, le futur éditorialiste travaille pour Findus, la marque de poissons surgelés. «La partie stratégie lui plaisait beaucoup, Éric avait en revanche du mal sur la partie "fric et délais"», se souvient Chantal Bourgery. Dans les réunions avec les représentants des marques, «Éric vibrionne», note Jean-Pierre Tarroux, un de ses collègues. Pour autant, il ne cherche pas à nouer des relations avec les salariés. Laurence Carasset-Dumont se souvient d'un jeune homme «un peu à l'écart», que le reste de la troupe trouvait «presque un peu ridicule». L'apprenti pubard porte des vestes de costume en tweed à rayures qui lui donnent des airs d'universitaire en littérature, comme dans l'album édité par l'agence pour l'année 1985, intitulé «Souriez», dans lequel il apparaît très gai, bien qu'un peu crispé. La page suivante est consacrée au chien de l'entreprise.

«Éric Zemmour n'a pas vraiment imprimé en tant que publicitaire», conclut Philippe Calleux, son ancien patron. En réalité, le diplômé de Sciences Po continue de ruminer son raté à l'ENA. «Je devais être assez abattu parce que, depuis plusieurs années, je n'étais pas bien dans ma tête. Je n'y arrivais pas», reconnaît-il en 2003.

Ces années d'errance professionnelle s'avèrent déterminantes. Dans son ressassement, Éric Zemmour forge des éléments de sa personnalité dont il ne se départira plus. Politiquement, il a voté François Mitterrand en 1981, sensible au discours de classe tenu par le Parti socialiste. « Giscard me donnait l'impression d'un mépris de classe », se rappelle-t-il. Il aurait pu poursuivre dans cette veine, devenir un homme de gauche, attentif aux inégalités qui abîment les chances des uns et des autres, soucieux de rendre le pays plus solidaire. Seulement, dans cette période délicate, il fait preuve de détermination, et ne comprendra jamais que tout le monde n'en fasse pas autant. Surtout, la reconnaissance envers la France demeure plus forte que la déception de ne pas avoir intégré l'élite. « C'est familial. Chez nous, c'est l'amour de la France et l'assimilation », résume Zemmour.

Son envie de réussir, ce pressant désir d'épater s'en trouvent décuplés. Se confirme aussi un ressentiment discret vis-à-vis de la bourgeoisie constituée, de ses mœurs, de ses valeurs. Cette colère jusqu'ici intangible va se trouver canalisée par ce besoin de réussir. Grand lecteur de Maurice Barrès, Éric Zemmour apprivoise le sentiment précisément décrit dans *Sous l'œil des barbares* : « Jeune, infiniment sensible et parfois peut-être humilié, vous êtes prêt pour l'ambition. »

CHAPITRE 6

Chevreau sacré

Depuis vingt-cinq ans, la même vanne. Quand Martin Peltier rencontre Bertrand de Saint-Vincent, vient un moment où l'un lance à l'autre : « Quelles sont les nouvelles de Zanni ? » Ces deux journalistes font référence au premier pseudonyme d'Éric Zemmour au *Quotidien de Paris*, à la fin de l'été 1985. Dans la commedia dell'arte, Zanni représente un personnage de valet bouffon, dont le duo avec « le Magnifique », le maître, symbolise les rapports de classe au début de la Renaissance.

Pour apparaître dans le monde si féroce des médias, le futur essayiste s'est identifié à ces représentants du petit peuple, lesquels cherchent parfois à se venger de l'humilité de leur condition, comme Brighella, bientôt transposé en Scapin par Molière. Les rares initiés n'oublient jamais de rappeler ce premier surnom, manière de renvoyer Zemmour, malgré ses succès, à un statut de bouffon.

L'ascension médiatique d'Éric Zemmour commence par un coup de fil fébrile. Philippe Lorrain, un publicitaire qui le fait travailler épisodiquement, a noté son malaise dans le monde de la réclame, mais aussi ses talents d'écriture. Au printemps 1985, il le prend à part : « Éric, il y a quelque chose que j'ai remarqué. Tu écris très bien et tu devrais plutôt faire du journalisme que de la pub, qui n'est pas faite pour toi. Et justement j'ai eu Philippe Tesson il y a trois jours. Tu devrais l'appeler de ma part. »

Philippe Tesson dirige *Le Quotidien de Paris* depuis 1974. L'arrivée de François Mitterrand a stimulé les ventes de son journal, en passe de devenir, dans ces années, la publication-carrefour de toutes les oppositions aux socialistes. Éric Zemmour a voté Mitterrand en 1981, par vague réflexe de classe, mais cela importe peu. Le journalisme, il y a déjà pensé, ce peut être le moyen de raccrocher ce wagon de l'élite qui l'a rejeté quatre ans plus tôt.

Un soir de juin, à 20 heures, il compose le numéro du patron de presse. Bonne inspiration, l'imprévisible directeur de publication est rarement joignable, sauf à cette heure-là. Il ne faut pas deux minutes au publicitaire malgré lui pour évoquer son admissibilité à l'ENA. Bien vu, Philippe Tesson y a lui aussi été admissible. Cet échec les réunit. La trajectoire des parents du jeune homme l'intéresse aussi, il a passé beaucoup de temps en Algérie. Ils évoquent Proust, Stendhal. Le courant passe.

Et puis cette question, que l'homme de lettres pose toujours en entretien : « Êtes-vous heureux ? » Le diplômé de Sciences Po ne cache pas son abattement, cette dépression avec laquelle il flirte. Le patron aime tendre la main aux âmes en peine. « J'ai été séduit par ses échecs », avance-t-il aujourd'hui. Il donne une chance à l'impétrant : « Écoutez, vous m'avez l'air fatigué. Prenez des vacances et revenez début septembre. Vous ferez un stage et on verra si vous êtes doué pour ça. On verra très vite. »

Éric Zemmour arrive, ponctuel, le 1er septembre, dans les locaux du 2, rue Ancelle, à Neuilly. *Le Quotidien de Paris* y partage un grand immeuble avec *Paris Match*, *Le Journal du dimanche* ou le magazine *Elle*, où certaines rubricardes débarquent parfois avec leur chien. L'apprenti stagiaire a eu vingt-sept ans la veille. Plutôt que le service économie, qui lui est proposé, il opte pour la rubrique spectacles, dont le critique Marcel Claverie est la figure tutélaire.

Est-ce la honte de repartir en stage dans un petit quotidien pendant que ses copains de Sciences Po occupent déjà des postes à responsabilité, comme son futur témoin de mariage Gérard Wolf, alors conseiller du ministre Edgard Pisani ? Il n'écrira jamais sous son vrai nom dans ces pages, préférant l'alias « Étienne Zanni », comme le notent immédiatement avec gourmandise certains de ses collègues.

Le jour de son arrivée, Armelle Héliot, la cheffe de service et adjointe de Claverie, l'envoie à Versailles, où Jack Lang, le ministre de la Culture, fait visiter la galerie des Glaces à une poignée de journalistes. Un jour de travail et déjà proche d'un ministre, le débutant est enchanté. Son premier article est publié le samedi 7 septembre 1985, en haut à gauche de la page 26. Intitulé « Art et industrie : le mariage du siècle », il porte sur une exposition à venir au palais de Chaillot. Purement factuel, voire un poil austère, l'entrefilet n'annonce pas encore le « style Zemmour ».

En interne, le jeune homme attire l'attention. « Intelligent et drôle », juge d'emblée Armelle Héliot, prise d'affection pour ce fils de pieds-noirs, elle qui a passé les douze premières années de sa vie en Algérie. Marcel Claverie, vieille plume forgée à *Combat*, mythique quotidien de gauche de l'après-guerre, s'entiche lui aussi de ses grands yeux verts, à la fois vifs et mélancoliques. « Tu lui fais tes yeux de biche », lance Armelle Héliot à son jeune protégé, qui lui rend un sourire d'enfant malin.

Le sexagénaire chaleureux, toujours attentif aux talents qui l'entourent, entreprend de lui faire découvrir l'opéra. Ce stagiaire ne ressemble pas à ces apprentis intimidés qui se succèdent rue Ancelle sans que, le plus souvent, quiconque se souvienne de leur passage. Non, celui-là connaît la culture classique, s'intéresse à tout, a de la repartie, note le critique. Avec Armelle Héliot et Gérard Mannoni, un autre journaliste du service, ils multiplient les longs déjeuners rieurs aux Sablons, le restaurant à l'angle de la rédaction, où tous les quatre se pressent vers 14 heures, après leur bouclage, le plus tôt du journal. Un soir, la cheffe de service invite chez elle Marcel Claverie et Éric Zemmour, lequel vient accompagné de Mylène Chichportich, une jeune diplômée de droit née en 1962, qui exerce le métier d'administratrice judiciaire auprès d'entreprises en difficulté. Les deux jeunes gens se sont rencontrés au restaurant en 1982 au début de la parenthèse pubarde d'Éric Zemmour. « Sa sœur était l'amie d'un cousin à moi », nous raconte le chroniqueur. Mylène a été violoniste dans sa jeunesse, la discussion s'avère fluide, enlevée. Le nouveau, adopté.

Suivent quelques papiers. Le téléfilm *La Dérapade* diffusé sur FR3, une pièce d'Israel Horovitz, le nouveau film de Gérard Vergez… Éric Zemmour chronique les œuvres qu'on lui suggère avec clarté et rapidité. L'exercice ne demande pas de multiplier les coups de fil, il s'agit de coucher sur la machine à écrire ses analyses, de séparer le réussi du raté. Il sait faire. Marcel Claverie invite aux Sablons son grand copain Philippe Tesson : « Ce petit est très bien, il faut qu'on l'embauche. » Chose faite à la fin du mois d'octobre. Dans la discussion, le critique musical a même glissé que l'intéressé ferait un parfait journaliste politique, le secteur semble vraiment l'intéresser, il connaît tout sur tout. Le directeur de publication en prend bonne note. « C'est un produit très rare sur le marché », se satisfait le grand chef. Ce qui ne l'empêche pas de sous-payer son jeune prodige, engagé au Smic, sans notes de frais.

La première année, sa mère l'aurait même aidé à régler ses impôts, hors de ses moyens, en raison de la distorsion entre ses revenus dans la publicité et ceux dans le journalisme. Qu'importe, l'incursion du marketeux à la dérive dans le monde de la presse s'est révélée un succès. Aujourd'hui, Philippe Tesson se rappelle d'un talent évident, porté par une soif de reconnaissance hors du commun : « Il avait une ambition sans limites, avec le journalisme comme moyen. Il ne la comprenait même pas. C'était pathologique, touchant et ridicule à la fois. »

Dès les premières semaines de son embauche, Éric Zemmour écrit quelques articles pour la rubrique société. L'occasion de laisser deviner une sensibilité déjà portée sur l'identité française. Le 13 novembre 1985, il apparaît sous son vrai nom en page 3 du journal. Grande première. Il s'agit d'analyser l'immigration portugaise en France. Surprise, la nouvelle recrue se montre particulièrement élogieuse. « En règle générale, ils ne suscitent ni polémique, ni hostilité, et ils contribuent largement au rayonnement de la langue française après leur retour au pays », salue le sous-titre. Quasiment un argumentaire de gauche.

Le journaliste évalue alors positivement le regroupement familial, gage d'épanouissement du travailleur étranger : « La reconstitution en France de la cellule familiale portugaise donne à l'immigré un mode de vie proche de celui des Français et facilite donc son intégration. » Cela dit, à y regarder de plus près, figurent dans la prose du jeune journaliste les thèmes qu'il ressassera trente ans plus tard. Si les Portugais peuvent se targuer d'une « adaptation relativement facile » dans l'Hexagone, ce serait en raison de « la religion catholique qu'ils ont en commun avec la population française » et de « l'absence de contentieux colonial entre les deux communautés ». En creux, il faut comprendre qu'on ne peut pas en dire autant de l'immigration venue du Maghreb.

Le 3 décembre, « Zanni » devenu Zemmour rédige justement une page sur l'intégration postcoloniale. Intitulés « La douloureuse histoire de l'intégration pluri-ethnique » et « L'Algérie et la citoyenneté française », les deux articles qu'il signe développent un discours déjà teinté d'une profonde inquiétude sur l'évolution du pays. Différence notable, toutefois, avec les analyses du *Suicide français*, le journaliste insiste sur des thèmes chers à la gauche. Il regrette l'élévation sociale insuffisante des populations immigrées, compromise par « une école en refonte permanente, peu sûre d'elle-même », reconnaît le racisme structurel de l'Algérie française.

Le nouveau évoque en effet « des musulmans qui, pendant un siècle, ne rêvent que de nationalité française ; des Français de fraîche date qui tiennent à leur supériorité juridique et morale sur les Arabes ; des Européens plus que réticents, méprisants souvent, méfiants toujours ». Résultat : « une population musulmane qui, lentement, inexorablement, passe des revendications assimilatrices, défendues par Ferhat Abbas, aux ires et délices nationalitaires de tout peuple qui accouche, dans la violence et la haine de l'autre, de lui-même ».

Lorsque nous l'interrogeons sur ces écrits de jeunesse, Éric Zemmour s'amuse d'avoir présenté les Français d'Algérie comme racistes : « Je ne l'écrirais plus comme ça. J'étais encore imprégné de la pensée dominante de l'époque. » Dans son esprit, son regard sur l'islam et ces questions identitaires se fige en 1989, au moment de l'affaire du voile de Creil : « Je prends conscience de la force inouïe de l'islamisme. »

Reste que dès 1985 plusieurs jalons de la pensée zemmourienne paraissent solidement posés. Sa plume se fait désolée lorsqu'il évoque la situation contemporaine en métropole, « un mélange explosif de réelles différences culturelles, cultuelles surtout, de passé colonial, plein de terribles rancunes recuites, d'une vogue pour les "racines" aussi ». C'était mieux avant, déjà. « Pour de nombreux immigrés, être français ou ne pas l'être, peu importe », regrette-t-il, citant avec dépit « le droit à la différence vanté dans les années 1960 ».

Encore plus saisissant, le dernier paragraphe du dossier traite du grand remplacement dans les banlieues françaises. Éric Zemmour évoque les lycées de l'entre-guerre où il y avait « quatre, cinq au maximum, enfants d'immigrés, juifs polonais pour la plupart ». Soudain revenu en 1985, il conclut : « Dans les classes de La Courneuve, les quatre ou cinq élèves exceptionnels sont ceux qui ont parlé le français depuis leur prime enfance. »

À l'époque, ces positions ne situent pas forcément Éric Zemmour à droite. Bien sûr, la mouvance SOS Racisme, fondée en 1984, avec son discours de tolérance teinté d'internationalisme façon « United Colors of Benetton », le rebute. Le natif de Montreuil est patriote, d'abord, intéressé par la lutte des classes, ensuite. Mais sa ligne pro-assimilation, « à Rome, faites comme les Romains », conjuguée à un grand effort sur l'éducation pour favoriser l'ascension sociale, trouve encore ses adeptes au Parti socialiste. Jean-Pierre Chevènement la défend depuis des années, et Jean Poperen, le numéro deux du parti, représentant de sa sensibilité la plus marxisante, vient justement, en décembre 1985, de plaider pour « la direction de l'assimilation », comme seule réponse à « la ségrégation ». « Son modèle idéologique c'était Chevènement. L'ascenseur social grâce à l'école républicaine, la méritocratie, dans les années 1980, c'est ça, ses sujets », se rappelle son ami Hugues Dewavrin, alors secrétaire national du Parti républicain. En 1988, il revote pour François Mitterrand. Dernier vestige de sa première identité politique, avant son passage définitif à droite.

Au sein de la rédaction du *Quotidien de Paris*, personne n'identifie « Zanni » comme conservateur. En vérité, au début, personne n'identifie la recrue, tout court. Le journal, plus anti-mitterrandiste que *Le Figaro*, rebaptisé « Figarose » en interne, est un repaire foutraque d'anarchistes de droite et d'ailleurs, où les costard-cravate voisinent avec les jean-chemise relâchée. Philippe Tesson tient lieu de Roi-Soleil, monte les uns contre les autres, organise les grâces et les disgrâces parmi sa centaine de journalistes. Il adore les fortes personnalités et laisse une grande liberté, y compris idéologique, à ses équipes. Seul impératif, se montrer fin et cultivé. En réunion, il n'est pas rare que les invectives fusent, avec de l'esprit, toujours.

Hervé Karleskind, un directeur adjoint, nomme systématiquement Bernard Brizay, chargé du suivi de l'UDF, Jugurtha, du nom du chien de Giscard, lequel lui répond qu'il « préfère être le chien de Giscard que le toutou de Tesson ». Tesson traite Armelle Héliot de « virago de banlieue ». Dominique Jamet, rédacteur en chef sans subordonné, choisit ses sujets selon son humeur, réclame le maximum de lignes et boude s'il ne les obtient pas. Claire Chazal ou Frédérique Lantieri, qui a pris l'habitude d'écraser ses cigarettes dans ses tiroirs, passent pour de jeunes espoirs prometteurs. Martin Peltier, chargé du suivi de l'extrême droite, est si proche de Jean-Marie Le Pen qu'il va bientôt quitter la rédaction pour se présenter aux législatives de 1986 sur une liste FN, dans l'Essonne.

Bertrand de Saint-Vincent, le rédacteur en chef des pages littéraires, regarde ses congénères s'agiter avec l'ironie qui le caractérise. Une fois avisé de la qualité de « presque énarque » du nouveau, une information que Philippe Tesson aime à répandre dans les bureaux, il susurre à Bernard Brizay, à moitié caustique : « Il faut que je te présente le nouvel arrivant, c'est quelqu'un d'important... » Philippe Reinhard, diplômé de l'ENA et éditorialiste au *Quotidien* à partir de 1989, se fera plus tard un plaisir de moquer l'échec que son collègue rappelle encore et encore, dix ans après.

Éric Zemmour reste prudemment à l'écart des mesquineries de la rédaction, même lorsqu'il fait l'objet de quolibets. La vieille garde ne se prive pas de certaines blagues lourdes. Un jour qu'il se chicane avec Judith Weintraub, une jeune reporter du service politique, d'origine juive ashkénaze, une vieille barbe évoque « une querelle tribale ». Manière lettrée de renvoyer les deux journalistes à leur statut de Juifs et leur origine à une société primitive. On rit de bon cœur, l'intéressé le premier. Virginie Le Guay, elle aussi au service politique, perçoit dans cette attitude « effacée » une façon de « se fondre » dans le décor d'un journal où les bien-nés forment la majorité de l'espèce :

« Il voyait bien les petits-bourgeois qui le regardaient de haut. Il avait à cœur de prendre du galon socialement mais il n'avait pas suffisamment confiance en lui pour s'exprimer. » L'écrit devient son espace de liberté, le terrain où il laisse apparaître, à coups de formules cinglantes, le panache qu'il n'ose pas montrer en public.

Pendant quelques mois, il intègre la rubrique médias, dirigée par Jean-Paul Mulot, né deux ans après lui mais déjà rédacteur en chef. Les deux s'entendent à merveille, investiguent sur les visées de Silvio Berlusconi, en passe de lancer la cinquième chaîne française. Impressionné par la capacité de travail du nouveau, l'encadrant lui dégote un surnom plus affectueux, « Zézé ». La collaboration ne dure pas, Philippe Tesson a écouté son fidèle Claverie. Après les législatives, Éric Zemmour rejoint le service politique, chargé du suivi de l'UDF, le deuxième grand parti de la droite. Un des postes les plus exposés du journal, où le jus de crâne et la culture générale ne suffisent pas. À lui les conférences de presse, les meetings des amis de Valéry Giscard d'Estaing. Il se rapproche vite du Parti républicain, une des formations de la fédération, alors au faîte de sa puissance. Mené par l'inoxydable trio formé par Alain Madelin, François Léotard et Gérard Longuet, ce petit parti défend des valeurs originales au sein de la galaxie centriste. Plus libéraux sur le plan économique que le reste de la droite, sur le modèle de Ronald Reagan, le président américain, ses membres se veulent aussi plus conservateurs. Nombre d'entre eux ont d'ailleurs milité, dans leur jeunesse, dans des groupuscules d'extrême droite.

La « bande à Léo », comme on l'appelle alors, présente surtout la particularité d'être particulièrement friande des médias. Pas de conciliabules à huis clos, pas de remontrances pour un propos en « off » révélé, les stratégies s'y élaborent au vu et au su de tous. Dans un mélange des genres total, journalistes et politiques forment une grande famille dans laquelle il arrive que les premiers, y compris de *Libération*, rédigent les communiqués des seconds. En 1993, Éric Zemmour aidera d'ailleurs Hugues Dewavrin à rédiger *Génération bidon*, un essai corrosif sur la droite au pouvoir, comme en attestent les remerciements de l'ouvrage : « À Éric Zemmour, "entraîneur" clairvoyant et exigeant. Il m'a permis d'aller au bout de mon propos sans trop de concessions... je crois. »

Le cadre du Parti républicain se souvient d'un jeune homme « flatté d'être accueilli si amicalement, qui copine humainement mais pas idéologiquement, n'est pas dans la courtisanerie comme d'autres ». Dans les déjeuners, le rubricard s'enhardit. Il assume crânement la contradiction qu'il évite au *Quotidien de Paris*, car il a compris que ce qui le fragiliserait au journal est apprécié en politique. Il n'hésite plus à doucher les élus, comme Alain Madelin, lequel lui détaille un jour ses convictions européennes et libérales : « C'est des conneries, vous vous trompez. » Et d'enquiller sur plusieurs références historiques. Le jeune homme se lie avec Anne Méaux, la conseillère communication de Madelin, qui s'amuse de ses effronteries. Pendant des heures, ils glosent à n'en plus finir sur la Cinquième République et la typologie des droites de René Rémond. Des amitiés bientôt utiles à sa carrière.

Au *Quotidien*, Éric Zemmour se fait à l'inverse de plus en plus absent. Personne ne connaît sa vie privée, il ne participe jamais aux pots d'après-bouclage, aucun de ses collègues ne sera d'ailleurs invité à son mariage avec Mylène, à la synagogue des Tournelles, le 13 juin 1990. « Ce garçon déteste travailler en équipe, il ne provoque pas l'affectivité, c'est un immense solitaire. Il a une indifférence totale aux autres, non pas dans les formes, mais dans le fond des choses », regrette Philippe Tesson. Démarche saccadée, air éternellement pressé, il se présente rarement en conférence de rédaction, arrive le plus souvent en début d'après-midi pour lire *Le Monde*. Toute son énergie est dirigée vers ses sources, ces déjeuners politiques dans lesquels il peut discuter d'égal à égal avec Pasqua, Longuet ou Léotard. « Il est complètement absorbé », se dit Sandrine Briclot, alors stagiaire et souvent assise au bureau vide de « Zanni ».

Ses papiers, toujours informés, référencés et bien écrits, font le bonheur de ses supérieurs, même si Bernard Charlot, le chef du service politique, s'agace de la propension de son journaliste à ne traiter que les sujets qu'il choisit. « C'est un chevreau sacré », grince-t-il souvent. Jérôme Bellay, directeur de la rédaction au début des années 1990, manque également de perdre patience devant les palabres du jeune homme lorsqu'il coupe un de ses articles.

L'intéressé garde la confiance de Philippe Tesson, aussi admiratif de ses qualités professionnelles que déçu de son manque de « patriotisme de journal ». Il a supplié Franz-Olivier Giesbert, le nouveau directeur de la rédaction du *Figaro*, de renoncer à son envie de le débaucher, quelques mois après son arrivée, en 1988 : « T'as pas le droit de faire ça, c'est mon meilleur ! » Par amitié, l'ancien du *Nouvel Observateur* a obtempéré. Seulement, la situation financière du titre se dégrade. Le second septennat Mitterrand est une épreuve, les lecteurs n'ont pas compris l'appel de Dominique Jamet, une des incarnations du titre, en faveur du président socialiste, publié dans la revue *Globe*, en décembre 1987. Plus globalement, le frisson des premières années de la gauche au pouvoir est passé. *Le Quotidien de Paris* n'a plus la même aura. Les plans sociaux se succèdent, il faut déménager le siège dans un quartier mal desservi de Levallois-Perret. Quand Éric Zemmour reçoit une offre difficile à refuser, au printemps 1994, Philippe Tesson conseille cette fois à sa trouvaille d'y aller.

CHAPITRE 7

Enfin vedette

Jean-Jacques Augier prend un ton de conspirateur. Le trésorier de la campagne présidentielle de François Hollande en 2012, ex-PDG des taxis G7, propriété d'André Rousselet, a quelque chose à nous apprendre : « André Rousselet en a parlé à François Mitterrand. Et c'est Mitterrand qui lui a conseillé Zemmour. » Comme la vie se montre ironique parfois. Vingt ans plus tard, l'éditorialiste s'écharpera violemment sur France 5 avec Mazarine Pingeot, qui lui claquera à la figure qu'il n'est qu'un « polémiste » et qu'« un polémiste n'a aucune légitimité ». La fille de l'ancien président ignore qu'Éric Zemmour doit son premier poste de chroniqueur vedette à son père.

« Je ne le savais pas », nous avoue le journaliste. Ce nouvel emploi, effectif en septembre 1994, marque le début de son irrésistible ascension professionnelle. « J'avais une visibilité nouvelle et qui va très vite me servir puisque je suis cité quasiment tout le temps dans les revues de presse », se félicite-t-il auprès du chercheur Nicolas Kaciaf.

Début 1994. André Rousselet, ancien directeur de cabinet de François Mitterrand, vient d'être débarqué de la présidence de Canal +, sans élégance. Le 17 février, il a publié dans *Le Monde* « Édouard m'a tuer », une tribune virulente contre Édouard Balladur, le Premier ministre de l'époque, qu'il accuse d'être à l'origine de sa disgrâce. Dès lors, un seul but l'anime, se venger.

Un moyen lui apparaît comme une évidence, prendre le contrôle d'un journal. « Balladur ne me prend pas au téléphone, peut-être qu'il lira mes journaux », glisse-t-il à Jean-Jacques Augier, son bras droit,. Une formule ensuite remaniée et reprise à la radio, sur Europe 1. L'homme de médias envisage de racheter *Libération*, avant de plancher sur la création d'un quotidien sur le modèle du *Washington Post*, avec Bernard Guetta, prix Albert-Londres, en directeur. Aucun des projets n'aboutit.

Au mois de janvier, un nouveau quotidien national vient justement de se lancer. Il s'appelle *InfoMatin*. Le projet a germé dans l'esprit un peu fou de quatre jeunes entrepreneurs sans fortune familiale, appuyés par la MAIF et par un argentier de la presse canadienne. « On nous disait qu'il fallait 600 millions de francs pour lancer un quotidien, on est partis avec 30 millions de francs », se souvient Philippe Robinet, aujourd'hui directeur général des éditions Calmann-Lévy. Intuition avant-gardiste que cet *InfoMatin*, construit autour d'articles courts et d'un prix de vente modique, trois francs, pour attirer un public très large. À peu près la même recette que les journaux gratuits, *Metro* ou *20 Minutes*, dix ans plus tard.

« Des dépêches AFP et des éditos piquants », résume Jean-Jacques Augier en grossissant un peu le trait, car les journalistes sortent aussi quelques scoops, comme une interview exclusive du terroriste Carlos ou une enquête sur les pots-de-vin des HLM parisiens. Les débuts s'avèrent prometteurs, avec trois cent cinquante mille lecteurs les premiers jours, puis une stabilisation autour de cent cinquante mille exemplaires vendus. Mais il manque de l'argent. Les quatre intrépides ont de toute façon prévu de vendre au plus vite, pour réaliser une plus-value. À la mi-mars, André Rousselet passe un coup de fil. « Passez me voir à mon bureau », intime-t-il aux propriétaires. En une semaine, l'affaire est bouclée. Fin mars, l'ancien de l'Élysée devient le grand patron.

Reste à modeler le journal à son image. S'il a officiellement confirmé l'indépendance de la rédaction à son arrivée, le nouveau maître des lieux aime à donner son avis sur les unes, sur les articles politiques. « Rousselet veut qu'on écrive ce qu'il nous dicte », désapprouve Antoine Peillon, alors journaliste et délégué syndical du quotidien. Premier chantier du magnat : muscler les papiers d'analyse. « André Rousselet s'intéressait à son journal à l'ancienne. Pour lui, l'important, c'est l'édito », témoigne Bruno Patino, alors son chargé de mission à *InfoMatin*.

Il faut une plume capable d'exécuter le pouvoir d'une formule ciselée. La fiche de poste se révèle même un peu plus précise. « Nous cherchions quelqu'un qui connaissait bien la droite, susceptible de montrer qui était vraiment Balladur, les liens de cette droite avec la finance mondialisée », détaille Jean-Jacques Augier. Marc Jézégabel, le directeur de la rédaction, n'a pas la plume calibrée pour l'exercice. Pendant des semaines, l'ex-président de Canal + chasse son chroniqueur, sans le trouver. Comme il a l'habitude de le faire pour ses affaires médiatiques, il en parle finalement à son ami de quarante ans, le président François Mitterrand, au cours d'une partie de golf. Le chef de l'État suggère immédiatement Éric Zemmour.

Le sphinx septuagénaire ne connaît pas personnellement le trentenaire du *Quotidien de Paris*. Mais le reporter a suivi plusieurs déplacements du président socialiste pendant la campagne présidentielle de 1988. Ses articles, incisifs et plus analytiques que ceux de ses confrères, ont marqué le chef de l'État. Ce grand lecteur de la presse quotidienne goûte depuis, chaque jour, les informations précises et caustiques que le rubricard distille sur cette droite qu'il connaît désormais si bien.

André Rousselet est emballé, il fait appeler Éric Zemmour sur-le-champ. L'intéressé ne dit pas oui tout de suite. Il hésite. N'est-ce pas risqué de rejoindre ce quotidien qui paraît économiquement fragile ? Philippe Tesson tente une nouvelle fois de s'opposer au transfert. Et puis, finalement, il le laisse partir. « Vas-y. » Plus les fonds. André Rousselet lui propose un pont d'or, il deviendra le journaliste le mieux payé de la rédaction, loin devant Marc Jézégabel. Le 1er septembre 1994, neuf ans pile après ses débuts dans le journalisme, Éric Zemmour débarque à *InfoMatin*.

Sa chronique s'appelle « Un jour en politique ». Dans les derniers mois, il aura même droit à une minuscule photo-portrait pour accompagner sa prose. En une vingtaine de phrases, le journaliste croque un ministre, décrypte un rapport de forces, effectue une comparaison historique. Des phrases courtes, des références précises, ces mots de liaison qui sautent pour donner du rythme, un peu d'ironie, et puis ces accroches très travaillées. La spécialité de la jeune recrue, c'est le pastiche d'expressions célèbres, comme un clin d'œil adressé au microcosme intello qu'il veut séduire.

« La corruption est une chose trop sérieuse pour être laissée aux experts », assène-t-il le 4 octobre 1994, en attaque d'un édito consacré à l'offensive pro-moralisation de la vie politique de Philippe Séguin. « Madelin, combien de divisions ? », le 15 octobre. « La guerre des primaires n'aura pas lieu », le 3 décembre. « Lionel Jospin existe, les sondages l'ont rencontré », le 16 février 1995. « En Balladurie, les illusions se ramassent à la pelle », le 15 avril. « Nous sommes tous des sociaux-démocrates allemands », le 11 mai. Sa reprise préférée entre toutes ? Peut-être l'incipit de *La Recherche du temps perdu*, qu'il réutilisera ensuite régulièrement. « Longtemps, Édouard Balladur s'est couché de bonne heure », peut-on lire le 17 février 1995.

Éric Zemmour ne se contente pas de sa chronique. Dès que Philippe Séguin ou Charles Pasqua font l'actualité, il se charge de l'article en personne. Depuis le référendum sur le traité de

Maastricht, en septembre 1992 – sa dernière campagne suivie en tant que journaliste, disent les méchantes langues, gaussant son aversion pour le suivi des campagnes sur le terrain –, l'éditorialiste s'est rapproché des deux barons. Il a tissé des liens avec le premier plusieurs mois après le scrutin, à la faveur de l'arrivée de Paul-Marie Coûteaux auprès du président de l'Assemblée nationale, au printemps 1993. « On ne se connaissait pas. Il voulait un rendez-vous seul à seul avec Séguin, je l'ai aidé à l'obtenir. On s'est vus tous les trois à l'hôtel de Lassay, et Éric n'a plus quitté ni Séguin, ni moi », raconte cet énarque diplomate.

Depuis lors, le journaliste et le politique devisent régulièrement football ou histoire de France. Quand la chronique d'« Un jour en politique » lui déplaît, Philippe Séguin prend son téléphone et l'agonit d'injures pendant dix minutes. Sans que cela prête jamais à conséquence. Même relation aigre-douce avec Pasqua, qui lui accorde des entretiens réguliers depuis qu'il s'est mis à suivre le RPR, en 1988. « Le parrain des Hauts-de-Seine » passe souvent de l'amusement à l'impatience quand il reçoit ce reporter un peu trop effronté à son goût mais cultivé. « Quand on veut me voir, on met une cravate », « Vous auriez pu vous coiffer aujourd'hui », lui enjoint-il pour le taquiner. « Pasqua voyait Éric comme un gamin agaçant », se rappelle le préfet Pierre Monzani, devenu le directeur de cabinet du politique et l'ami du journaliste. Dans ces années, les questions européennes restent en dehors des débats. Le journaliste ne les évoque jamais dans « Un jour en politique ». La rivalité Chirac-Balladur occupe, jusqu'à l'élection présidentielle d'avril 1995, l'essentiel de ses écrits. Les stratégies, la rivalité des entourages, les sondages, les points forts, les points faibles… Ses billets forment un concentré de ce journalisme politique des années 1990 obsédé par les destins personnels, comme si les programmes, à force d'être appliqués de la même façon par la gauche et par la droite, n'avaient plus d'importance.

André Rousselet est époustouflé. « Il me faudrait plus de Zemmour », répète-il à Jean-Jacques Augier. « Ce petit ira très loin », confie-t-il à Franz-Olivier Giesbert. Lorsqu'il vient rendre visiter à la rédaction d'*InfoMatin*, à Ivry-sur-Seine, le sourire du propriétaire s'agrandit ostensiblement quand il passe à la table d'Éric Zemmour, un minuscule bureau derrière une cloison. « Passez-me voir », ordonne-t-il fréquemment à son protégé, par téléphone. Dans son bureau au siège des taxis G7, à Clichy, le journaliste lui raconte les derniers ragots de la droite. L'homme d'affaires demeure obsédé par Édouard Balladur. Le 20 septembre 1994, il tient une première revanche. Une publicité, placardée sur les abribus et dans les métros, représente un homme de profil correspondant au chef du gouvernement, le nez plongé dans un exemplaire d'*InfoMatin*. « Faites comme lui ! » indique le spot. Quand son chroniqueur lui conte les malheurs du Premier ministre en campagne, l'ex-patron de Canal + jubile. Le salarié est d'autant mieux renseigné qu'il prépare, dans le même temps, un ouvrage sur le locataire de Matignon. *Balladur, immobile à grands pas*, s'intitule le livre. Un pastiche, encore un, d'un vers de Paul Valéry sur le héros Achille.

Tout à sa vendetta, André Rousselet ne fait pas attention aux convictions que son talentueux chroniqueur distille discrètement dans ses billets. Éric Zemmour évoque souvent l'immigration. Le 2 juin 1995, il cible François Mitterrand, retraité mourant de l'État, coupable à ses yeux d'avoir présenté la politique migratoire de la droite comme raciste durant son second septennat : « En 1988, pour garder l'Élysée, Mitterrand n'a pas hésité à créer un clivage artificiel entre racistes et antiracistes. Évitant un consensus national sur la politique d'immigration qui existe ailleurs : qui est outragé en Italie lorsque les autorités renvoient à la mer un bateau d'Albanie ? Qui s'offusque que l'Allemagne délivre au compte-gouttes la nationalité à ses étrangers ? » La thématique revient souvent. Le 14 juin, il s'agace notamment de la jurisprudence du Conseil d'État, qui limite les différences de traitement possibles entre Français et étrangers: « L'immigration est devenue terre d'élection du *politically correct* à la française. Tabous les charters. Tabous les excès du regroupement familial. Taboues les contradictions entre une politique familiale en faveur de "la natalité française" et la jurisprudence du Conseil d'État interdisant les discriminations. »

Regroupement familial, politiquement correct, tabous. Le débat d'idées français a quelque chose d'un éternel recommencement. Le 1er août 1995, Éric Zemmour tance « le nouvel ordre moral » bien-pensant qui s'abat contre les élus de droite aux déclarations tapageuses: « Pas d'Africain gestionnaire avisé des allocations familiales; pas de fidélité antisida; pas d'embryon personne humaine; pas de familles perturbatrices dans les cités. Notre société "permissive" applique les bonnes vieilles méthodes de l'ordre moral à ceux qu'elle soupçonne de vouloir le restaurer: soupçon, inquisition, reniement forcé. » L'époque préfère avoir tort avec Sartre que raison avec Aron, se désole Éric Zemmour, déjà opposé à la gauche culturelle.

Auprès de la rédaction d'*InfoMatin*, férocement à gauche avec ses quatre syndicats et ses anciens de *Libération*, Éric Zemmour a mauvaise réputation, mais ce n'est pas pour des raisons politiques. Le chroniqueur paie sa proximité avec André Rousselet, dont l'immixtion déplaît. « Il nous flique. C'est l'œil de Moscou », se persuade Antoine Peillon. La recrue du patron ne bat pourtant pas des records de présentéisme. Il n'assiste pas aux réunions du matin, envoie le plus souvent son article de chez lui, par fax. « Zemmour allait faire ses déjeuners, on ne le voyait presque jamais », confirme Marc Jézégabel. Les rares fois où il vient à Ivry-sur-Seine, il fonce tête baissée dans son bureau, sans dire bonjour à personne. Sauf au moment des affaires politico-financières. À l'automne 1994, des révélations mettent en cause le financement du Parti républicain, dénoncent la corruption de la Mairie de Paris ou un détournement de fonds par le ministre Alain Carignon. Éric Decouty, le « scoopeur » du journal, enquête, ce qui fait ricaner la vedette d'« Un jour en politique ». « On s'en fiche, tu tires la politique vers le bas », le chicane Éric Zemmour. Toujours cette vision romantico-gaulliste du pouvoir, qui place la force des hommes au-dessus de l'exemplarité. Il n'y a finalement qu'avec Thierry Deransart, un ancien du *Figaro*, et surtout Philippe Cohen qu'il sympathise vraiment. Le rédacteur en chef adjoint du journal, ancien de la Ligue communiste révolutionnaire, possède une culture politique hors normes. Les deux journalistes partagent les mêmes idéaux souverainistes et républicains, même si l'ex-militant se veut beaucoup plus anticapitaliste que son comparse. Ils prennent plaisir à se malmener lors de ces joutes oratoires entre hommes qu'Éric Zemmour chérit déjà.

Mal-aimé de ses collègues, Éric Zemmour devient en revanche la nouvelle coqueluche du Tout-Paris médiatique. Tant mieux : c'est ce qui compte pour lui. Chaque jour ou presque, Ivan Levaï, le présentateur de la revue de presse de France Inter, ou Stéphane Denis, son homologue d'Europe 1, évoquent sa dernière fulgurance, un de ses traits d'esprit. En quelques mois, il devient l'égal de ces Franz-Olivier Giesbert ou Jean-François Kahn qu'il a si longtemps enviés.

Le 14 janvier 1995, au moment de la sortie de son livre sur Balladur, le voilà même invité pour la première fois dans une émission de télévision importante. Michèle Cotta, présentatrice de la « Revue de presse », sur France 2, a remarqué sa plume. Vêtu d'une de ces vestes marron à carreaux prince de Galles qu'il affectionne et qui lui donnent un air de maître de conférences en lettres, l'éditorialiste déroule tout sourire les scènes fortes de son œuvre. « Il n'y a que les éléphants du métier d'habitude parmi les invités, tu te rends compte », répète à ses amis le chroniqueur, que ce nouveau statut met en joie. Il s'ouvre de ses ambitions désormais assumées auprès de son ex-collègue Bernard Brizay, croisé à un salon du livre. « En fait, le journalisme ne m'intéresse qu'en tant qu'éditorialiste », avoue-t-il. Quelques semaines plus tard, Jean-Pierre Thiollet, son ex-collègue du *Quotidien de Paris*, le retrouve à bord du porte-avions *Clemenceau*, à Toulon. Les deux journalistes sont là à l'invitation du ministère de la Défense, ils vont déjeuner avec les principaux amiraux de la Marine. À table, stupéfaction : Éric Zemmour, volubile comme jamais, parle comme d'égal à égal avec les hauts gradés, prend toute l'attention pour exposer sa vision de l'armée. « On nous l'a changé, ce n'est pas le même Zemmour », se dit le reporter. Après des années dans l'ombre des caciques du *Quotidien*, le chroniqueur ose enfin exprimer à l'oral la fougue qu'il couchait seulement sur le papier.

Sur les pages, sa plume prend de plus en plus d'autorité. Fugacement, le temps d'une chronique, il laisse même affleurer quelques sujets d'obsession alors insoupçonnés. Vichy d'abord. Son discours présente déjà les fondements de ce qu'il écrira vingt ans plus tard. Le 17 juillet 1995, au lendemain du discours du Vélodrome d'Hiver de Jacques Chirac, moment fort puisque le chef de l'État reconnaît la responsabilité de la France dans la déportation des Juifs, Éric Zemmour constate, dépité, que le régime de Pétain est devenu ce repoussoir absolu qui décrédibilise l'idéologie de droite : « Le souvenir de 1940 nous hante, nous tyrannise, nous tétanise [...]. Le travail, la famille et la patrie sont d'impérieux tabous. La droite n'ose pas se situer à droite. Le goût de l'ordre est forcément fasciste, l'amour de la patrie pétainiste, les privilèges accordés aux citoyens français intolérable discrimination raciale, les charters d'étrangers clandestins des trains de déportés. » Le chroniqueur s'inscrit dans la lignée de ces gaullistes « orthodoxes » qui continuent de défendre des idées du général de Gaulle telles qu'il les a exposées dans la première partie de son retour au pouvoir.

L'assimilation stricte des étrangers, l'ordre avant tout et un souci du « petit peuple ». À plusieurs reprises, Éric Zemmour salue d'ailleurs la campagne présidentielle de Jacques Chirac, construite autour du « pouvoir au peuple », sur la suggestion d'Alain Madelin, une autre de ses sources régulières. Cette bienveillance s'évapore vite. Avec Henri Guaino, un conseiller de Charles Pasqua qui deviendra bientôt un ami cher, ils se désespèrent de ce chiraquisme décidément soumis aux diktats moraux de la gauche.

Le limogeage des « juppettes », ces ministres de second plan nommées en masse par le Premier ministre Alain Juppé, inspire à Éric Zemmour un autre édito grinçant. « Ministres, personne ne les connaissait. Virées, elles font pleurer Margot », moque le journaliste, le 13 novembre 1995. L'occasion d'apercevoir une autre de ses marottes : la place des femmes. « Il y a bien une exception gréco-latine en Europe : les derniers pays qui rejettent la féminisation de la politique sont aussi ceux qui l'aiment comme un art, où le verbe tient lieu d'action [...]. La France a-t-elle réellement envie de devenir la Norvège ? » Et de conclure en appuyant son raisonnement sur une référence historique contestable : « Notre glorieuse Révolution de 1789 s'est en partie faite contre le pouvoir des femmes sous la monarchie, auprès des rois qui les aimaient mais aussi dans les salons qu'elles tenaient [...]. 1789 fut aussi une révolution "virile" contre la "féminisation" de la cour. » Il avancera cette thèse avec régularité, quand bien même certains révolutionnaires, comme Condorcet, plaidaient au contraire pour l'entrée des femmes dans la citoyenneté. Dès le milieu des années 1990, Zemmour aime façonner sa vérité en interprétant à sa guise les faits historiques, en retenant ce qui l'intéresse et en occultant ce qui ne va pas dans son sens.

Éric Zemmour n'a pas le temps de jouir de sa nouvelle position. La situation financière d'*InfoMatin* demeure délicate, et surtout André Rousselet n'a plus l'envie. Balladur a été battu, François

Mitterrand vit ses dernières semaines, une page se tourne dans la vie de l'entrepreneur. Il ne comprend pas non plus cette rédaction où les journalistes partent en vacances à Noël alors qu'il les a avisés des risques imminents de dépôt de bilan. Malgré près de quatre-vingt mille exemplaires écoulés chaque jour, le magnat décide brutalement de fermer, sans même chercher un repreneur. Le 5 janvier 1996, il appelle Marc Jézégabel : « J'arrête. » La publication est stoppée le 9 janvier, sans que le journal puisse annoncer la mort de François Mitterrand, intervenue la veille. Les salariés se réunissent pour une dernière photo de famille. Présent ce jour-là dans les locaux, Éric Zemmour sourit sur le cliché. Il est l'un des seuls. Et puis il s'éclipse. À l'inverse des autres, qui continuent de fomenter d'improbables projets de rachat du quotidien, lui a déjà trouvé un poste ailleurs. Christine Ockrent, la directrice de *L'Express*, l'a appelé, pour l'engager au service politique.

CHAPITRE 8

Dix ans d'impatience

« Monsieur Zemmour, vous êtes viré ! » Yves de Chaisemartin aime les fausses déclarations fracassantes, ces moments où l'attention de son interlocuteur se redresse brutalement. En l'occurrence, ça ne manque pas, l'intéressé tressaillit. La crainte se lit dans ses yeux. « Je vous paie pour écrire pour nos lecteurs », le sermonne le président du directoire du *Figaro*. En cette fin d'année 1996, les deux hommes ont un débat sur la signature du journaliste dans le quotidien. Éric Zemmour n'est là que depuis quelques mois mais il veut déjà bénéficier d'un statut à part. Signe de son désir irrépressible d'ascension professionnelle. Il a sollicité un entretien dans le grand bureau du patron, rue du Louvre, pour se plaindre du chef du service politique, Paul Guilbert, qu'il connaît depuis *Le Quotidien de Paris*. « Paul Guilbert m'interdit de signer "par Éric Zemmour" en haut de l'article », proteste le reporter. Un privilège réservé aux éditorialistes et aux chroniqueurs, observe Chaisemartin. « Les lecteurs s'en fichent complètement, de votre signature. Pour qui écrivez-vous ? » questionne le représentant de la famille Hersant, propriétaire du média. Zemmour avoue : « Vous savez bien qu'on écrit au moins à 50 % pour ses confrères. » Erreur que cette réponse spontanée, qui lui vaut une remontrance du boss, finalement sans conséquence.

L'année 1996 a été éprouvante pour le journaliste. Récupéré par Christine Ockrent au service politique de *L'Express* en janvier,

Éric Zemmour est viré par Denis Jeambar, le nouveau directeur, en avril. Pour de vrai, cette fois. Ses amis Anne Méaux et Hugues Dewavrin s'attellent à lui trouver un point de chute. Ils en parlent à Yves de Chaisemartin, avec qui ils dînent régulièrement. Le patron de presse a repéré ses fulgurances de plume. Il a une idée : lui faire reprendre le billet court d'André Frossard, mort en février 1995, dans *Le Figaro*. « Sept lignes, tout est dit », résume le gérant, grand admirateur de l'exercice d'écriture de l'académicien. La place paraît superbe. Un billet dans le grand quotidien de la bourgeoisie française, à trente-huit ans, la quasi-totalité des journalistes de Paris en rêveraient. Pourtant, sans la moindre hésitation, Zemmour refuse. « Ce n'est pas du tout ce que je veux faire », oppose-t-il à Chaisemartin lors de son entretien d'embauche : « Un billet me frustrerait trop, je veux de la place. » Le journaliste fait une contre-proposition. Il espère obtenir un billet politique plus long. Inimaginable dans *Le Figaro* des années 1990, où l'ex-ministre Alain Peyrefitte règne comme un mandarin sur le comité éditorial. Les colonnes de texte sont distribuées au cordeau entre les différentes sensibilités du titre, les libéraux modérés façon Franz-Olivier Giesbert, les souverainistes incarnés par Alain Griotteray, éditorialiste au magazine, ainsi que les pro-ouverture au Front national, représentés par Max Clos. FOG, le directeur de la rédaction, propose d'engager plutôt Zemmour au service politique, avec une certaine liberté de manœuvre. Banco. Le 1er juillet, il devient grand reporter au *Figaro*. Sans la signature au-dessus de l'article.

Éric Zemmour a du mal à se faire aux pesanteurs d'un grand média. Ces articles d'opinion qu'on lui refuse, ces hiérarchies subtiles qu'il doit respecter. En janvier 1997, Franz-Olivier Giesbert décide de l'envoyer voir du pays. « C'est bien, tes papiers, mais c'est un peu conventionnel, parisien. Tu vas nous faire un tour de la France de Le Pen », lui ordonne-t-il. Du parti d'extrême droite, Éric Zemmour connaît déjà le chef, qu'il a rencontré quatre ans auparavant, en 1993, par l'intermédiaire de Martin Peltier, son collègue au *Quotidien de Paris*. Le temps d'un déjeuner à Montretout, dans la demeure historique du Menhir, les deux hommes se jaugent. Anecdotes historiques, questions pièges. « Ils tombent d'accord sur tout ! » réalise en direct Martin Peltier : « À plusieurs reprises, Jean-Marie a pris sa voix de fausset que je connais si bien, celle qui montre qu'il est séduit et veut séduire. » Coup de foudre professionnel. « Cet homme a du courage », tranche Jean-Marie Le Pen. « Le Pen n'est pas raciste », conclut Éric Zemmour. Jusqu'alors, le journaliste avait manifesté une certaine méfiance à l'égard du patron du FN. Ses provocations verbales lui paraissaient contre-productives, comme il l'avait plusieurs fois écrit dans *InfoMatin*. Mais, finalement, l'élu s'avère bien plus fin qu'il ne le pensait. Ils resteront, dès lors, toujours en contact.

Lors de son périple lepéniste, Éric Zemmour se lie avec un autre homme influent à l'extrême droite, Bruno Mégret. Il le suit au plus près lors de l'élection municipale de Vitrolles, en février 1997. Le numéro deux du FN a été rendu inéligible par le Conseil d'État et il est remplacé en tête de liste par son épouse, Catherine. « On a fait toute la ville en porte-à-porte avec Zemmour. Comme on ne voulait pas effrayer les gens avec un journaliste, on l'a fait passer pour un militant à nous », se souvient Bruno Mégret. Pendant plusieurs jours, Éric Zemmour se fait présenter comme un soutien de la candidate frontiste. Pendant que le couple Mégret devise avec les habitants, lui prend des notes sur son carnet, ni vu, ni connu. « Il a vu la vraie face de Vitrolles, j'ai d'ailleurs été gêné de certains propos antisémites », raconte l'ancien député.

À son retour, Franz-Olivier Giesbert le juge ébranlé par ces rencontres avec cette frange du pays en colère : « Je l'ai vu un peu changé en rentrant, il avait vu une autre France. » Éric Zemmour manifeste une empathie de plus en plus ouverte pour les politiques qui prônent l'union des droites, y compris avec le Front national. Ce questionnement traverse à l'époque le RPR et l'UDF, qui ont perdu, en juin 1997, leur majorité absolue à l'Assemblée nationale à cause de triangulaires précipitées par les candidats lepénistes. Alain Peyrefitte lui-même se fend d'un édito dans le quotidien au lendemain de l'élection, où il se dit en faveur d'accords électoraux, de même qu'Alain Griotteray, dans une interview accordée à *Libération*. Aux élections régionales de 1998, cinq présidents UDF sont élus avec le concours du FN. Le Parti républicain, renommé entre-temps Démocratie libérale, est à la manœuvre. Trois des cinq francs-tireurs en sont issus. Dans son ouvrage *Le Livre noir de la droite*, un réquisitoire contre cette droite qui cède au « discours politiquement correct des médias », comme il l'écrit lui-même, Zemmour salue l'audace controversée de Charles Millon, le président de la région Rhône-Alpes, élu avec les voix honnies : « Millon, c'est le héros du film *Ridicule*, provincial crotté qui n'a de cesse que d'être reçu par le roi à Versailles pour sauver ses compatriotes ignorés, et subit à la Cour mépris, brocards et humiliations. »

En parallèle, le rubricard a commencé à écrire dans *Marianne*, un hebdomadaire remuant créé en avril 1997, où officie son ami Philippe Cohen. Il obtient cette fois le privilège de signer « Éric Zemmour, grand reporter au *Figaro* », avec sa photo en cravate.

« À l'époque, il était considéré comme séguiniste », note Maurice Szafran, le premier directeur de la rédaction du magazine. Le journal se veut une alternative à la « pensée unique » médiatique, comme on dit déjà alors, et trouve son intérêt à accueillir une plume alerte et non alignée. Pourtant, la collaboration, surtout virtuelle – Éric Zemmour n'a pas le temps de venir dans les locaux, il envoie sa production par fax –, s'envenime rapidement. « Vous avez fait comme les autres », cingle le journaliste lorsque l'hebdomadaire critique Millon et ses homologues. Le cordon sanitaire de Chirac, très peu pour lui. Il y voit l'aveu ultime de la soumission de la droite à la gauche morale. Le grand reporter signe encore quelques articles avant de s'éclipser, en 2000. « Il est parti à cause de nos attaques contre le FN », estime Jean-François Kahn, fondateur et premier directeur de *Marianne*.

Malgré ce début de reconnaissance, ces années se révèlent professionnellement difficiles pour Éric Zemmour. L'aura conférée par sa chronique à *InfoMatin* s'est un peu dissipée. Au *Figaro*, il n'est qu'un journaliste talentueux parmi d'autres, sans périmètre précis qui plus est. «Je suis passé de la boutique d'artisan à Renault», constate-t-il. Il choisit de plus en plus ses articles en fonction de ses sources, ces politiques avec qui il passe des déjeuners à refaire l'histoire de France. À droite, Paul-Marie Coûteaux et William Abitbol, élus sur la liste de Charles Pasqua aux élections européennes, figurent parmi ses plus proches amis. Le second, spécialiste des déclarations détonantes, lui répète que « tout ce qui ne passe pas au 20 heures n'existe pas ». Le grand reporter retient l'adage. Il dispose aussi de connexions à gauche, d'ailleurs, en 2002, il votera Chevènement, qui a tenté de faire l'alliance des « républicains des deux rives ». Un jour, la rédaction du *Figaro* a la surprise de le voir débarquer accompagné de Jean-Luc Mélenchon, à qui il fait visiter les locaux de la rue du Louvre. Le rubricard s'entend bien avec FOG, Alain Griotteray l'a aussi pris sous son aile, mais ça ne suffit pas. Les pontes du journal, Peyrefitte et compagnie, ne le reconnaissent pas. Alors, Zemmour écrit des livres, pour se faire remarquer. À grands pas, comme son antihéros Balladur. Les thèmes qu'il y développe lui resteront chevillés à l'esprit. Avant *Le Livre noir de la droite*, il a publié, en 1997, *Le Coup d'État des juges*, une violente charge contre le pouvoir judiciaire. « C'est le gouvernement des juges », se récrie l'auteur, particulièrement remonté contre le Conseil d'État et le Conseil constitutionnel, coupables de développer des jurisprudences favorables aux droits individuels, quitte à rogner la marge d'appréciation du Parlement.

En 1999, changement total de genre, puisque l'essayiste se met au roman. *Le Dandy rouge* relate la vie de Ferdinand Lassalle, le théoricien du socialisme prussien, rival de Marx. Ce choix renvoie à une vieille passion du journaliste, à une époque où il ne s'était pas encore trouvé son personnage de polémiste conservateur. « Au *Quotidien de Paris*, il projetait d'écrire une histoire sociale du XIXe siècle », se souvient Philippe Tesson. L'œuvre est d'abord rejetée par le comité de lecture de Grasset, sa maison d'édition. « Quand vous avez une réputation en non-fiction, c'est toujours compliqué de vous positionner en romancier », expose, le plus diplomatiquement possible, Manuel Carcassonne, son éditeur. Colère froide d'Éric Zemmour. Toujours cette impression que la bonne société ne le traitera jamais comme un des siens. Il file chez Plon, où il s'est lié d'amitié avec l'éditrice Muriel Beyer, croisée au détour d'un article quelques années plus tôt. Le livre ne se vend pas mais termine tout de même finaliste du prix Interallié, avec trois voix contre six pour *Les Causes perdues*, du médecin humanitaire Jean-Christophe Rufin. Une belle reconnaissance d'estime.

Le grand reporter poursuit sa chevauchée effrénée à l'assaut du Tout-Paris. Il pactise avec Patrick Poivre d'Arvor, le présentateur du journal de 20 heures de TF1. À l'époque, PPDA souhaite prendre une nouvelle épaisseur, s'engager dans le débat d'idées. Éric Zemmour cherche encore et toujours la notoriété. L'alliance prend la forme des *Rats de garde*, un essai de politique-fiction rageur contre la curiosité de la presse à scandale. La couverture du livre les montre côte à côte, souriants et en costume. En réalité, ils ont peu rédigé ensemble, chacun bricolant ses parties dans son coin. Peu importe, le journaliste du *Figaro* apparaît comme l'égal de la star du paysage audiovisuel. C'est chic. Les duettistes font quelques plateaux télé pour promouvoir le livre, mais le soufflé retombe, encore une fois. PPDA reste le Monsieur Loyal de la France et Zemmour regagne son relatif anonymat.

Que faut-il donc faire pour changer de dimension ? L'essayiste a une nouvelle idée. Une biographie de Jacques Chirac, le président de la République en exercice. Muriel Beyer est emballée. Personne ne le sait encore mais il s'agit de sa dernière grande enquête journalistique. Pendant de longs mois, Éric Zemmour fouille dans la vie du chef de l'État, cachant à certains qu'il bûche sur un ouvrage. Il entrevoit un homme complexé, aux idées fluctuantes. Il découvre surtout ses rendez-vous secrets avec Jean-Marie Le Pen, juste avant et entre les deux tours de la présidentielle de 1988. L'information lui est apportée par le président du Front national en personne. Charles Pasqua confirme une des réunions. Enfin il tient un scoop d'ampleur ! Le destin manque de s'acharner quand Olivier Orban, le PDG de Plon, refuse le manuscrit. « Je ne peux pas faire ça à Bernadette », justifie l'éditeur, qui vient de vendre trois cent mille exemplaires de *Conversation*, le livre d'entretiens de la Première dame. Pour éviter un scandale, il propose à Éric Zemmour de publier le livre chez Balland, la maison de son copain Denis Bourgeois. Forcé, le journaliste accepte mais il vit difficilement cette période, comme en témoignent les remerciements de la biographie, qui sort finalement en janvier 2002 : « Que Muriel Beyer soit remerciée pour avoir supporté, avec patience et sérénité, mes crises d'angoisse et états d'âme à répétition. Que Denis Bourgeois soit enfin remercié pour avoir sauvé un livre et un auteur au bord du gouffre. »

Avec trente-cinq mille exemplaires vendus, le salarié du *Figaro* a de quoi se rasséréner. À quarante-trois ans, le vent commence enfin à tourner en sa faveur, veut-il croire. Le voilà qui s'imagine grand écrivain avec une chronique dans la presse, à la manière d'un Jean-Marie Rouart ou d'un François Mauriac. « Garder quelque chose dans le journalisme, mais pouvoir me consacrer complètement à l'écriture, j'avance de plus en plus vers ça. C'est sûr que c'est la sortie par le haut que je vise», confie-t-il au chercheur Nicolas Kaciaf, en avril 2003. Denis Bourgeois l'écoute pendant des heures se poser en feuilletoniste moderne. «Il se rêvait en écrivain, en vigie intellectuelle du pays. Il piaffait, avait envie d'en découdre», se souvient l'éditeur. Au *Figaro*, l'essayiste est toujours capable d'éclairs, comme ce portrait brillant de Jean-Marie Le Pen, rédigé en une heure, au soir du 21 avril 2002, mais il a de plus en plus de mal à supporter le suivi quotidien des affaires politiques. Un soir d'élections régionales, en mars 2004, il est envoyé par ses chefs à Nancy, suivre le duel entre la gauche lorraine et son ami Gérard Longuet. L'article est minimaliste, le journaliste n'a interrogé aucun des candidats dans la soirée. À un gradé qui s'en étonne, il rétorque: «Je dis mieux les choses qu'eux.» L'organisation du service est laxiste et Éric Zemmour ne vient jamais en réunion.

Hélas, encore une fois, l'essayiste se heurte à des forces contraires. En octobre 2004, Nicolas Beytout prend la tête du *Figaro*. Ce journaliste économique défend une idéologie libérale et européenne, son approche journalistique est tranchée. «*Facts, only facts*», demande-t-il. Le nouveau directeur entreprend de réorganiser la rédaction en attribuant des rubriques claires aux membres des services. Les électrons libres sont priés de rentrer dans le rang. Tout pour déplaire à Éric Zemmour. «Beytout me déteste», murmure le grand reporter. Et effectivement, l'ancien directeur des *Échos* peine à masquer son aversion pour les prises de position antieuropéennes de son subordonné, figées depuis le référendum de Maastricht. Au moment du référendum sur la Constitution européenne, en 2005, les deux hommes s'empoignent. Zemmour est plus marginalisé que jamais.

La télévision agit comme un dérivatif à ces frustrations. Au début, Éric Zemmour s'y rend avec anxiété. «Tu crois que j'en suis capable ? Que ça va marcher ? » demande-t-il à son amie Isabelle Balkany. Quand on le présente comme journaliste de télé, il ne manque d'ailleurs jamais de rectifier : « Je suis un journaliste de presse écrite qui fait de la télévision. » Ses premiers passages importants ont lieu au « Jean-Edern's Club », l'émission foutraque de Jean-Edern Hallier sur Paris Première, entre 1994 et 1997. Son bagout tape dans l'œil du producteur, Jean-Louis Remilleux, qui le recrute lorsqu'il prend la tête de la chaîne Match TV, diffusée sur le câble, en 2001 : « Éric avait ce besoin évident de lumière, de séduire et de conquérir. Jean-Edern avait deviné qu'il crevait l'écran. La caméra ne le dérangeait pas pour affirmer ses idées », témoigne le producteur.

Éric Zemmour devient un des chroniqueurs tournants de l'émission « J'y étais », présentée par Frédéric Lopez. Il y raconte une fois par semaine, à la première personne du singulier, un événement politique auquel il a assisté, en toute subjectivité. Ses descriptions assassines et gourmandes y font mouche. Dès lors, le téléphone ne s'arrête plus de sonner. À la rentrée 2003, la jeune chaîne I-Télé a l'idée de monter une émission de débats. « Ça se dispute », animée par Victor Robert, avec Éric Zemmour et Christophe Barbier dans le rôle des polémistes, voit le jour. En septembre 2005, l'éditorialiste se rapproche un peu plus du soleil médiatique. Jean-Louis Remilleux lui propose de rejoindre sa nouvelle production, « Vendredi pétantes », diffusée sur Canal +, en tant qu'intervieweur politique. Ses rêves de triomphe littéraire paraissent loin, mais l'émission lui permet de s'exprimer devant plus d'un million de personnes toutes les semaines. Avec l'humoriste vedette Stéphane Guillon et le présentateur affable Stéphane Bern, l'entente se veut amicale. « Il posait de bonnes questions avec humour, une immense culture. Nous étions tous très copains, y compris Éric et Stéphane Guillon », se rappelle Stéphane Bern. En coulisses, les deux passionnés d'histoire se chamaillent, dans une ambiance badine : « Il me disait que ma vision de la France était périmée, défendait Napoléon contre Henri III. »

Éric Zemmour ne s'éternise jamais dans les locaux de Canal +. Il a cet air affairé de l'homme tourné vers un but que lui seul connaît. En réalité, le journaliste se met la pression pour s'extraire de sa situation au *Figaro*. Son ascension se fait dans la douleur, il demeure persuadé qu'on lui veut du mal. Son salut va passer par un ouvrage à scandale, un minuscule opuscule de cent quarante-quatre pages, qu'il publie en février 2006. *Le Premier Sexe*. À son éditrice Clara Dupont-Monod, il confie, après le succès : « Sans le livre, Beytout me virait. » Son passage au purgatoire se termine. Éric est prêt à devenir Zemmour.

CHAPITRE 9

Les femmes

Moscou, le 17 décembre 1991. De la neige partout, un ancien ministre français et cinq journalistes en goguette. Éric Zemmour et quatre de ses confrères vivent un moment de la grande histoire. Ils ont été mandatés par leurs médias pour suivre le colloque de la Fondation Elie Wiesel, consacré à « l'anatomie de la haine ». François Léotard, le président d'honneur du Parti républicain, fait partie des intervenants. Neuf jours plus tard, l'Union soviétique sera officiellement disloquée et, déjà, des généraux du KGB profitent de l'occasion pour faire œuvre de repentance en public.

Ce n'est pourtant pas ce qui a marqué au premier chef les reporters. Le soir, ils prennent un pot dans un grand hôtel avec leur accompagnatrice moscovite. Aux côtés de la plume du *Quotidien du Paris*, porteur d'une énorme chapka qui lui donne des airs de lutin, il y a Daniel Carton du *Monde*, Bertrand de Mazières du *Parisien*, Jean-Philippe Moinet du *Figaro* et Patrick Wajsman, le fondateur de la revue *Politique internationale*. « Zézé » se démène pour accrocher le regard de la belle traductrice. Références historiques, compliments, tout y passe. Las, l'intéressée n'a d'yeux que pour un autre membre de l'escouade. Petit affront de la vie ordinaire que le battu d'un soir doit encaisser sous les plaisanteries de ses copains.

À deux mille huit cents kilomètres de là, les consœurs d'Éric Zemmour n'imaginent pas que leur collègue joue les jolis cœurs en reportage. Au *Quotidien de Paris*, l'homme s'est toujours fait très distant avec la gent féminine. « Il n'était pas du tout dans la séduction ! » réagit Virginie Le Guay, qui se rappelle : « Son regard est un peu craintif, il fait presque timide. » À l'époque, Sandrine Briclot imagine même le journaliste comme un célibataire endurci : « La seule chose qu'il dit de sa vie privée, c'est son couscous le dimanche chez sa mère. Donc je le vois un peu comme un adolescent attardé, qui n'a que sa mère dans sa vie. » En grattant, d'autres journalistes découvrent le culte qu'il voue à « Mylène », son épouse, à qui il a dédié son premier livre. Quinze ans plus tard, ils prennent connaissance, sidérés, de l'essai cinglant que le reporter consacre aux relations hommes-femmes, *Le Premier Sexe*. L'auteur s'y lamente de ces mâles qui ne « rêvent que de couple et de féminisation ». « L'homme idéal est une vraie femme. Il a rendu les armes. Le poids entre ses jambes est devenu trop lourd », annonce la quatrième de couverture. Est-ce vraiment bien le Zemmour qu'ils ont connu ? Il semblerait, mais il a bien changé. À l'intérieur, l'auteur vomit les faiblesses des hommes et les prétentions au pouvoir des femmes, glorifie la force, à renfort d'analogies animalières. « Dans les combats politiques, c'est toujours le mâle dominant qui finit par l'emporter, le roi de la forêt, le caïman. Celui qui, à force de férocité, révèle la faiblesse de ses rivaux, leur féminité inconsciente, qui les transforme en maîtresses transies, quêtant ses faveurs », fulmine-t-il.

Quel contraste, aussi, entre le Zemmour des années 1990 et celui qui émerge à la fin des années 2000. Il est devenu un pratiquant zélé de ce que les Espagnols appellent le *piropo*, ce compliment appuyé déclamé à une femme, en public ou en privé, peu importe, le tout étant d'être direct. Les jeunes souverainistes avec lesquels ils partagent des cafés au début du quinquennat Macron se souviennent des insinuations qu'il peut lancer au beau milieu d'une conversation politique, comme : « La gauche nie le réel, c'est comme si je vous disais qu'il n'y a pas une très jolie femme autour de la table. » Œillade de rigueur. L'étudiante Victoire Beutter, venue interviewer l'éditorialiste pour son mémoire de master 2 à Paris 2, consacré à « La construction du rôle de polémiste », en janvier 2019, a elle aussi eu droit à sa petite phrase enjôleuse, qu'elle a consignée dans son texte : « Je vous vois mieux avec mes lunettes ! Vous êtes quand même jolie, donc ça vaut le coup que je mette mes lunettes. » Un côté lourdingue que ses proches mettent sur le compte de son besoin viscéral de tester son charme. Lors d'un déjeuner qu'il a sollicité avec David Amiel et Ismaël Emelien, au printemps de la même année, l'essayiste développe une théorie qui l'obsède : « Il est inscrit dans la nature de la femme qu'elle est attirée par le dominant. Aujourd'hui, le dominant, c'est l'immigré. »

Ce qui reste, pour le commun des mortels, un élément discret de la vie privée constitue un motif taraudant dans la construction du personnage Zemmour. Ces vingt dernières années, aucun essayiste n'a autant glosé sur la place des hommes et des femmes, sur la séduction physique. Dans la vie, ceux qui le côtoient ont également découvert ses réactions déroutantes. À Judith Waintraub, pressentie, au début des années 1990, pour diriger le service politique du *Quotidien de Paris*, il oppose un argument d'un autre âge : « De nous tous, tu es sans doute la plus capable, mais jamais je ne me ferai diriger par une femme. » Quelques années plus tard, son patron à *L'Express* se nomme pourtant Christine Ockrent. Même paradoxe concernant son rapport au couple. Dans l'incipit du *Premier Sexe*, l'écrivain raconte sa discussion avec un chauffeur, militant à l'UDF. Ce dernier lui explique avoir une petite amie, à laquelle il est fidèle. Raillerie immédiate du journaliste : « "À ton âge, franchement, quel âge as-tu, vingt-deux, vingt-trois ans ?" [...] Je lui décris le ridicule d'une génération, la sienne, sagement accouplée à vingt ans comme on le serait à soixante ;

[…] un garçon, ce n'est pas ça, un garçon, ça va, ça vient. » Tout cela alors que l'intéressé, lui-même en couple depuis l'âge de vingt-trois ans, confesse avoir très peu profité de la révolution sexuelle. Ses meilleurs amis en rigolent.

C'est comme s'il y avait deux Zemmour, le Zemmour fantasmé, mâle alpha à la James Bond, et le Zemmour du réel, bien moins sûr de lui, volontiers en recherche de compassion féminine. Sa recherche effrénée de succès s'inscrirait dans cette quête de lui-même. Une confidence, livrée dans un ouvrage publié en 2010, accrédite cette hypothèse. Dans *Deux ou trois choses que je sais d'eux…*, Éric Zemmour, comme l'ensemble des interviewés, est invité par les auteures Sabine de Bustros et Loris Moutran à répondre à un questionnaire philosophique. Quand elles lui demandent : « Est-ce qu'on naît homme ou on le devient ? », il lâche : « Je crois qu'on naît femme, contrairement à ce que dit Simone de Beauvoir. Alors qu'être homme, c'est difficile, ça s'apprend. » Dans la douleur, l'essayiste se conforme peu à peu à l'image de l'homme idéal qu'il se figure. « Ce côté-là le rend vraiment attachant », sourit son ami Olivier Rubinstein, éloigné depuis plusieurs années.

Quel décalage tout de même entre les principes et la vie ! Alors que dans ses livres il exalte le style de Jean Gabin ou Michel Piccoli, gaillards ténébreux jamais apeurés par une bagarre, certaines femmes ne cessent de le voir comme un grand enfant fragile à protéger. Impossible, pour qui loue comme lui la force, de faire l'impasse sur ce physique maigrelet, cet air un peu souffreteux, entretenu par ses nombreux rhumes ou petits pépins de santé. Et puis ces grands yeux verts charmeurs. « Yeux de biche », décrit Armelle Héliot, comme on le dirait d'une jeune fille mutine.

Jean-Paul Mulot, qui le découvre en 1985 au *Quotidien de Paris*, est immédiatement frappé : « C'était le "Petit Chose" à l'époque. Il se remet de ses humiliations, essaye de comprendre qui il est. » « Petit Chose », ou le surnom de Daniel Eyssette, le héros sensible d'Alphonse Daudet, qui tente, de revers en galères, de trouver sa place dans le monde. Le « Petit Chose », Sandrine Briclot emploie spontanément la même expression. Faut-il voir dans les accents virilistes d'Éric Zemmour un effet de surcompensation, à la manière de Johnny Weissmuller, enfant rachitique devenu champion du monde de natation ? Pour un macho revendiqué, il compte d'ailleurs beaucoup de bonnes fées sur son parcours : Anne Méaux, Clara Dupont-Monod, Catherine Barma, Lise Boëll, Sarah Knafo... Toutes se sont un jour démenées pour débrouiller les affaires de leur ami. « Je le verrai toujours comme ce garçon rigolard, tellement fragile physiquement », admet avec douceur Nathalie Saint-Cricq, qui le croise souvent sur des reportages politiques dans les années 1990. « C'est un garçon extrêmement fragile. Il a des angoisses pour tout. Il fallait que je le protège », confie son amie Isabelle Balkany, qui le rencontre, au détour d'un article, à la fin des années 1980. Jusqu'au Covid, l'ex-élue de Levallois déjeune tous les deux mois avec lui au Fouquet's, « comme une grande sœur avec son frère ». À la naissance de son fils, il l'appelle, fiévreux : « Isabelle, tu sais comment on fait pour ouvrir un compte à un enfant ? »

Philippe Tesson est persuadé qu'il faut chercher dans sa jeunesse les racines de son trouble : « Sa mère est colossale dans son parcours. » Lui-même n'est pas dupe de cette dualité. Il relate souvent l'ambiguïté de sa relation à sa mère, qui le considérait comme un demi-dieu, le surprotégeait, tout en espérant en faire un grand de ce monde. Un jour de 2006, il avoue auprès du quotidien belge *Le Soir* : « J'adore les femmes car elles ont l'art de me ramener à la réalité. Malgré ma virilité, j'ai d'emblée réalisé que j'avais des parts féminines en moi. »

Éric Zemmour sait d'ailleurs reconnaître quand il tombe sur plus impressionnant que lui. En février 2008, Fadela Amara, alors secrétaire d'État chargée de la politique de la Ville, hésite à se rendre sur le plateau d'« On n'est pas couché ». « Zemmour est misogyne, il va être odieux », fait-elle savoir, anxieuse, à Christophe Kulikowski, le rédacteur en chef de l'émission. Ce dernier, bonhomme costaud originaire du Sud-Est, appelle le chroniqueur. « Tu n'as pas intérêt à mal lui parler, le débat reste sur le fond », intime le journaliste à son collègue, jouant de toute son autorité naturelle. Le jour du tournage, la discussion se révèle impeccablement courtoise, au point que Catherine Barma, ignorant tout de ces échanges, allume son sniper lors du débriefing : « Éric, tu étais vraiment mou ! Que s'est-il passé ? » Zemmour et Kulikowski échangent un regard furtif. Le bateleur n'a pas osé défier l'homme fort de la rédaction.

Quand on l'interroge sur le sujet, le polémiste aime à se poser en admirateur galant de la beauté féminine, façon Julio Iglesias. Lors d'un tchat avec des internautes du site de *L'Express*, en 2010, il glisse : « Je vais vous faire une confidence : j'aime trop les femmes. » Mais comment les séduire ? Le goût du débat agit d'abord pour Éric Zemmour comme un révélateur. Cette verve qui reste clouée au fond de lui, il utilise sa culture pour la sortir. « Un introverti qui s'anime dans la discussion », résume un jour Judith Waintraub. À partir de son passage au *Figaro*, il teste ses idées sur le couple auprès de sa camarade de bureau, Christine Clerc. « Il est fasciné par la force », constate-t-elle. Pendant la promotion du *Premier Sexe*, il faut voir avec quelle jubilation il provoque ses interlocutrices. « Les femmes créent moins que les hommes. Les grands génies sont hommes. Ce n'est pas fémininement correct mais c'est comme ça », assène l'auteur à une journaliste venue l'interroger pour un film documentaire de Jean-François Ferrillon. Il aime aussi à citer Kierkegaard, qui a écrit : « L'homme est raison, la femme est substance. »

Auprès de la Radio-Télévision suisse romande, il déclare à propos de la séduction : « Ce n'est pas monstrueux. Il faut qu'il [l'homme] soit un prédateur sexuel civilisé. Il y a une attente de virilité, il y a une attente de violence. Donc il faut de la virilité, il faut de la violence. » L'éditorialiste s'épanouit comme cela, en retournant totalement l'impression de fragilité que peut donner son allure chétive. Il s'aligne sur Alain Soral dans son best-seller *Sociologie du dragueur*, en 1996. Au moment de la sortie de l'opuscule d'Éric Zemmour, le fondateur d'Égalité et Réconciliation l'accuse d'ailleurs de l'avoir plagié. Depuis, les deux hommes entretiennent une correspondance, comme le journaliste du *Figaro* le révèle en 2014 : « Il nous arrive d'échanger des idées et de confronter nos désaccords. »

Dès la moitié des années 2000, Éric Zemmour prête publiquement cette virilité recherchée à ceux qu'il nomme abruptement « les Arabes ». Dans *Le Premier Sexe*, il consacre plusieurs pages à cette thématique : « Le jeune Arabe est le non-dit le plus lourd de la société française. Il est à la fois rejeté et désiré, haï et fantasmé [...]. Il réagit de manière binaire, "lope-sa" ou "respect", putes en minijupes ou saintes voilées, putains ou vierges [...]. Ils sont des conquérants dans une ville ouverte. Les autres jeunes les observent avec un mélange de frayeur et d'envie. » L'essayiste insiste souvent sur cette théorie de René Girard, nommée le « désir mimétique », cette propension de l'homme à voir dans l'autre à la fois un modèle et un rival. « On hait toujours ce qu'on admire », résume un des personnages de *Petit Frère*, le roman qu'il publie en 2008.

Une fois encore, son essai tapageur de 2006 esquisse une piste de riposte. Le retour à la virilité des jeunes « Gaulois » passerait par le vote identitaire : « Nos enfants si bien élevés ne s'avouent pas qu'ils aimeraient les imiter [...]. Certains osent. Ils transgressent. Ils réagissent. [...] Ils sont ouvriers ou employés ou chômeurs, blancs. Ils votent Le Pen. [...] Une sorte de phallus par procuration qui affirme leur virilité contre celle, désinhibée, de leurs rivaux arabes. » Toujours cet entremêlement du personnel et du politique avec, en métaphore interminable, la conquête des femmes.

Délesté de ses complexes de jeunesse, Éric Zemmour se serait-il mis à outrepasser les limites du badinage vieille école ? Une enquête de Mediapart évoque des SMS grivois, voire salaces. Et puis il y a ces gestes que plusieurs femmes lui reprochent. En août 2005, Gaëlle Lenfant participe à l'Université d'été du Parti socialiste, à La Rochelle. Cette militante de la Gauche socialiste, le courant de Jean-Luc Mélenchon, a accompagné son chef lors d'un dîner où Éric Zemmour est présent. Le lendemain, elle assiste à un atelier quand le rubricard arrive, lui demande ce qu'il a raté. Brève discussion. À la fin, les deux se lèvent. « Il m'attrape par le cou. Me dit "Cette robe te va très bien, tu sais ?". Et m'embrasse. De force », a raconté cette élue municipale d'Aix-en-Provence à Mediapart.

Aurore van Opstal, une journaliste belge, affirme également que l'auteur serait allé beaucoup trop loin lors d'un café bu avec elle et son père, le 18 mars 2019. Il lui aurait « caressé le genou avec sa main », sous la table, serait « remonté jusqu'à l'entrejambe », « tout en parlant à [son] père », assis en face. « Il a fait comme ça deux allers-retours. J'étais tétanisée, sous le choc, je ne comprenais pas ce qu'il se passait, je le connaissais depuis trois minutes », a confié la jeune femme au même média. Sous couvert d'anonymat, six autres femmes ont évoqué des baisers non consentis ou des gestes déplacés.

Éric Zemmour s'indigne de telles accusations, qu'il nie en bloc. Auprès de ses proches, il ironise : « En plus, je passe pour un *loser.* » Avant de décéder, en novembre 2020, son ami Philippe Martel s'inquiétait des répercussions politiques de telles histoires. « Éric représente une vision très traditionnelle de la famille, mais sa vie privée n'est pas en adéquation avec ça », avait-il confié à *L'Express*. Aujourd'hui, lorsqu'un autre membre de son entourage le sensibilise sur l'importance de maintenir une vie intime ascétique en vue de sa candidature présidentielle, l'essayiste balaye : « Faut pas pousser ! » Olivier Pardo, son avocat, le croit atteint, mais capable de mettre à distance ces bruits : « C'est difficile à vivre. Mais ça n'entre pas dans l'équation. » Histoire de prendre de vitesse d'éventuelles révélations, Éric Zemmour envisage d'assumer haut et fort son approche des rapports de séduction, dès le début de la campagne. Il pense que les Français portent un regard tolérant sur les choix privés, ils n'aiment simplement pas la dissimulation. Son entourage évoque aussi le précédent Trump. Confronté à des propos obscènes et des soupçons d'agressions pendant la campagne présidentielle de 2016, le candidat américain s'en était sorti sans dommages. Comme immunisé par son positionnement antisystème. En réponse, il avait simplement lâché : « Je chéris les femmes. » Lui aussi.

CHAPITRE 10

Star du PAF

C'est un château endormi au bord de la départementale 913, à l'ouest de Rueil-Malmaison, dans les Hauts-de-Seine. La grille passée puis la voiture garée, le visiteur est conduit dans un magnifique jardin à anglaise, où l'impératrice Joséphine aimait à se promener. Au bout de l'allée, éclairée par des flambeaux, des employés déguisés en grognards de Napoléon, avec bonnet de trente centimètres façon poils d'ours sur la tête et épaulettes torsadées, accueillent les invités dans l'imposant palais. En ce soir de septembre 2008, Éric Zemmour fête ses cinquante ans à la Petite Malmaison, là où l'épouse de l'Empereur tenait salon deux siècles plus tôt. Comme une mise en abyme, son anniversaire a des allures de sacre.

Lui qui reçoit si rarement à domicile a convié tous ses amis dans un salon de l'immense demeure. L'ensemble forme un melting-pot improbable. Il y a là Isabelle Balkany et son mari Patrick, Patrice Duhamel, le directeur des programmes de France 2, et son épouse Nathalie Saint-Cricq, Catherine Barma, Philippe Tesson, le journaliste Nicolas Domenach, le haut fonctionnaire Pierre Monzani, le député européen Paul-Marie Coûteaux et son compère souverainiste William Abitbol, le sénateur Jean-Luc Mélenchon, le député Jean-Christophe Cambadélis, Henri Guaino, conseiller spécial du président de la République, le sondeur Jérôme Sainte-Marie, les artistes Dick Rivers et Hugues Aufray, l'éditeur Olivier Rubinstein, l'entrepreneur Hugues Dewavrin. En tout, une cinquantaine de personnes se sont déplacées. Le panthéon zemmourien. L'heureux quinquagénaire vogue de grappe en grappe, un sourire gigantesque sur le visage. Il savoure de voir tous ces gens qu'il a jadis admirés, jalousés, venus le célébrer, lui. Dans un coin, Mélenchon et Cambadélis, représentants de la gauche, se sentent un peu seuls. À un moment, les grenadiers de la Grande Armée roulent du tambour. Ils déclament la date de l'anniversaire, selon le calendrier révolutionnaire. Un contre-sens historique que l'intéressé a forcément relevé, mais il n'en dit rien. On fait tirer le canon.

Au buffet, Nicolas Domenach ricane avec Jean-Christophe Cambadélis : « Il file un mauvais coton, non ? » Que leur camarade ait choisi de s'affilier de cette façon si baroque à Bonaparte les laisse pantois. Paul-Marie Coûteaux discute religion et jeux d'argent avec Roger Zemmour, le père du héros de la soirée, les yeux remplis de fierté. Plusieurs de ses cousines poussent des youyous. Éric n'en finit plus de s'esclaffer. Les enceintes passent du Rolling Stones, il entame une danse avec son épouse, Mylène. Tout le monde les regarde. Instant de plénitude dans la vie de l'essayiste. Acmé de son bien-être intérieur, peut-être, qu'il ne retrouvera plus. Après tant d'années à souffrir pour en être, et trouver cette place dorée qu'il a si longtemps cherchée, il s'est imposé depuis peu comme le flingueur en chef de l'émission « On n'est pas couché », sur France 2. Il est devenu une star. Que de contraste avec son mariage, dix-huit ans plus tôt, où aucune de ses connaissances professionnelles n'a été invitée. À l'époque, le polémiste cultivait la discrétion. Sans doute aussi qu'il ne se sentait pas encore à la hauteur du beau monde parisien. Éclatante revanche de personnage balzacien sur ces grands bourgeois qui ne l'ont jamais considéré comme un des leurs.

Sa revanche, Éric Zemmour a commencé à la prendre deux ans plus tôt, lorsque Christian Jacob, ministre de la Fonction publique, lui a offert un cadeau qu'il n'aurait même pas pu imaginer. À la fin du printemps 2006, il lui a proposé de devenir membre du jury de l'ENA. Un honneur rarissime pour un journaliste. Ancien exploitant agricole sans diplôme de l'enseignement supérieur, Jacob a toujours été sensible au discours anti-technocrate de l'essayiste. Il trouve là la double occasion de faire plaisir à cet interlocuteur qu'il apprécie et de narguer gentiment la confrérie compassée des hauts fonctionnaires. Le grand reporter au *Figaro* est fou de joie.

Le jour de la première réunion, début septembre, dans les locaux de l'ENA, rue de l'Université à Paris, ses homologues découvrent un polémiste très consensuel, avide de bien faire. « Il était comme un petit garçon, tout frétillant, très impliqué, regardant ses chaussures et ricanant bêtement », se souvient le professeur de droit Martin Collet. Le président du jury, l'inspecteur des finances François Auvigne, a prévenu, les jugements idéologiques sont proscrits devant les étudiants. Éric Zemmour, un des trois membres du jury présents lors de tous les oraux d'admission, s'acquitte de sa tâche consciencieusement. Il n'a pas bronché lorsque le chercheur Bruno Palier a imposé un sujet sur les inégalités hommes-femmes pour l'épreuve de questions sociales. Devant les étudiants, il s'autorise une seule question un peu orientée, en leur demandant d'expliquer « l'arrêt Bosman », cette décision de la justice européenne de décembre 1995 qui interdit les quotas de joueurs non nationaux dans les clubs de football. Cette révolution entraîne la multiplication d'étrangers détenteurs de passeports européens dans les effectifs et désespère le journaliste. Il faut déjeuner dans la salle du jury, autour de plateaux-repas, pour l'entendre se lâcher un peu plus. Zemmour aime à se poser comme l'intrus anticonformiste de la bande, ce qui a pour effet d'orienter la conversation autour de lui, comme d'habitude. Il se chamaille avec Françoise Milewski, une économiste spécialiste des inégalités professionnelles entre les sexes. La publication du *Premier Sexe* lui donne une certaine légitimité à lui tenir tête.

C'est Clara Dupont-Monod, éditrice chez Denoël, qui lui a soufflé l'idée de cet essai. Après l'avoir entendu écumer en privé contre le féminisme intolérant, elle lui propose d'écrire dans la collection « Indigne » qu'elle vient de lancer, consacrée aux essais sociétaux. Quand Zemmour rend sa copie, elle n'est pas étonnée par ses outrances, mais imagine que la polémique va se concentrer sur le fond. Or, l'intéressé, qui a retenu la phrase de William Abitbol sur l'importance des provocations, multiplie les incidents pendant la promotion. Après trois minutes de débat avec Clémentine Autain dans « Tout le monde en parle », chez Thierry Ardisson, le 18 mars 2006, il assène : « Vous manquez de culture. [...] Dans la psychologie masculine, quand on admire une femme, on a d'autant plus de mal à la désirer. »

L'émission, qui met en scène des engueulades entrecoupées d'extraits musicaux et de petites blagues, paraît subitement avoir été créée pour l'essayiste. Il monte le ton, invective, lance une vacherie, cite un écrivain, « Stendhal disait », puis au moment de la plaisanterie il rit à gorge déployée, minaude. Quel panache. Il irradie. En régie, la productrice Catherine Barma note le nom de l'insolent, qu'elle a déjà aperçu chez Bern. Quatre mois plus tard, sa société Tout sur l'Écran Productions obtient une nouvelle émission du samedi soir, sur France 2 : « On n'est pas couché ». Elle propose au journaliste du *Figaro* d'y devenir chroniqueur. Éric Zemmour est avant tout appelé parce qu'il faut composer un couple d'intervieweurs politiquement équilibré. « Cela faisait longtemps que j'avais envie de revoir Michel Polac à la télévision. Il fallait un chroniqueur de droite pour composer le duo, et Catherine

Barma a pensé à Zemmour », raconte Laurent Ruquier. À ce moment-là, le come-back de Michel Polac, qui vivote sur des chaînes confidentielles depuis son départ de « Droit de réponse », en 1987, attise les curiosités, Zemmour beaucoup moins. « Polac suscite une véritable attente du public. Depuis qu'on a annoncé son retour, tout le monde ne parle que de ça », vante Ruquier, le matin des débuts, dans *Le Figaro*. À quelques heures de la première diffusion, l'auteur du *Premier Sexe* est perclus de doutes. Comme d'habitude, il partage ses angoisses avec Isabelle Balkany : « Tu crois que j'en suis capable ? » Réponse : oui.

Ce 16 septembre 2006, stupeur des téléspectateurs. Michel Polac est revenu avec tout son mordant, mais à ses côtés un petit bonhomme que personne n'attendait prend la lumière. Face à une Christine Angot vociférant contre sa vision de l'immigration, Éric Zemmour s'emporte à qui mieux mieux : « Vous ne savez pas ce qu'est le fascisme, Angot ! Il vous aurait déjà coupé la tête ! Les gens fuient la banlieue dès qu'il y a trop d'enfants d'immigrés, c'est comme ça. » À Charles Berling, qui tente d'intervenir : « Vous ne vivez pas avec eux ! Vous connaissez cinq cents personnes, il y a des millions de gens. » À Jean-Louis Murat, gêné par le débat : « C'est un peu facile, à ce moment-là, faut pas venir à la télé, faut se retirer comme ermite. » Beaucoup d'autres auraient été intimidés par les sourcils froncés en face de lui, pas Zemmour.

L'éditorialiste semble se nourrir de la controverse. « Vous dites n'importe quoi. – Non, c'est vous qui dites n'importe quoi », entend-on quasiment tous les samedis soir, avec l'éditorialiste dans le rôle du contradicteur infatigable. À la stupéfaction de ceux qui connaissent Éric-le-débatteur-courtois, Zemmour-le-polémiste se révèle en maître du brocard, cette moquerie blessante délivrée en un trait de repartie, comme on déposerait un soufflet au visage d'un adversaire. Sa première année ressemble de ce point de vue à une arrière-salle de boucher. Il y a du sang d'invités partout. À Mathilda

May, qui vient de publier un roman : « C'est le syndrome de la belle fille qui dit "je veux être désirée pour mon intelligence". C'est déjà formidable d'être désiré pour autre chose. » À Harry Roselmack, dans la même situation : « Le vrai problème, c'est pourquoi tout le monde croit qu'il peut écrire, et pourquoi des éditeurs publient. » À Michaël Youn, en plein esclandre : « Nous, on n'est pas des professionnels de la bonne humeur pour enfants de quatre ans. »

Dans les premières semaines de l'émission, à l'automne 2006, Patrice Duhamel, le numéro deux de France 2, vient assister au tournage d'« On n'est pas couché ». Il croise dans les coulisses un Éric Zemmour encore très anxieux. « Est-ce que ça va ? » interroge-t-il, cherchant l'approbation, comme il le fait avec Isabelle Balkany. Les audiences se chargent de répondre. Le premier numéro réunit un million six cent quatre-vingt mille téléspectateurs, soit 40 % du public, un succès confirmé de semaine en semaine. Preuve que le duo Zemmour-Polac porte le programme, ils passent rapidement toute la durée de l'émission en plateau, alors qu'il était prévu qu'ils ne restent qu'une petite heure, au moment de l'interview politique. Une routine se met en place. En début de semaine, Laurent Ruquier et Catherine Barma arrêtent les noms des invités. Charge à Christophe Kulikowski, le rédacteur en chef, d'indiquer aux deux chroniqueurs les œuvres à lire. Le jeudi, jour du tournage, les duettistes se rendent au Moulin Rouge vers 21 h 45. Le premier contact avec Laurent Ruquier a lieu quinze minutes environ avant le show. « Qui a pensé quoi ? » demande le présentateur, afin de commencer le tour de table par le polémiste le moins sévère. Après l'émission, court débriefing en présence de Catherine Barma. Puis, chacun rentre chez soi de son côté, sur les coups de 2 heures du matin. La plupart du temps, Éric Zemmour fait le chemin à pied, il n'habite qu'à vingt minutes. Même au fond de la nuit noire, on commence à le reconnaître dans la rue.

En juin 2007, Éric Naulleau a remplacé Michel Polac, malade. Le couple nouvellement formé élève au rang d'art les diatribes envoyées avec fougue contre des invités habitués à ce qu'on leur passe la pommade. Depuis la multiplication des chaînes privées, le paysage télévisuel a eu tendance à se lisser. Les affrontements virulents ont disparu, il ne faut pas heurter la ménagère de moins de cinquante ans ciblée par les publicitaires. Comme l'extrême droite a peu droit de cité sur les antennes, comme la gauche radicale est devenue groupusculaire, les débats du début des années 2000 opposent des politiques d'accord entre eux sur l'Europe, sur la protection sociale, sur une partie des questions économiques. Les programmes de divertissement, où l'on mélange élus et artistes dans une ambiance légère, se sont imposés. Il paraît impensable que la promotion d'un ouvrage, d'un disque, d'un film se solde par autre chose que des superlatifs élogieux. Les deux Éric font voler en mille éclats ce consensus. Ils douchent les comédiennes qui s'imaginent romancières, moquent les discours creux des politiques prudents, humilient avec jubilation les chanteurs habitués à ce que leur statut compense leur manque de travail. Francis Lalanne, Grand Corps Malade, Cali ou Jacques Attali sortent du programme dévastés.

Les barons de la politique minaudent et se pressent dans cette émission où l'on peut débattre longuement sur le fond sans être accusé d'avoir choisi un public acquis. Laurent Fabius, Jean-Pierre Chevènement, François Bayrou, Jack Lang, Laurent Wauquiez viennent discuter d'égal à égal avec le bretteur. Même Nicolas Sarkozy, le chef de l'État, suit les envolées du journaliste. « Mais pourquoi il raconte ça ? Qu'est-ce qu'il a contre moi ? » demande-t-il à Alain Carignon, leur ami commun. Pour tenter de les rabibocher, l'ex-maire de Grenoble intègre le polémiste au groupe de déjeuner qu'il met en place en octobre 2010. Éric Zemmour, Denis Tillinac et Yann Moix sont invités à ripailler à l'Élysée avec le président de la République. « Le chiraquisme, un génie de la formule et l'histoire, le bonapartisme. Le président a trouvé que l'alliage des trois était un excellent exercice car cela le remettait en cause de façons différentes », résume Alain Carignon. Le maître des lieux pourra tester des slogans, soupeser la réception de certaines décisions, enrichir sa réflexion.

Éric Zemmour connaît bien Nicolas Sarkozy, il l'a vu sauter de joie en 1993 à l'annonce des sondages sur les législatives. « Je vais être ministre », vibrionnait l'ambitieux maire de Neuilly. Cette fois, la rencontre ressemble à un adoubement dans le monde des gens qui comptent. Quelle revanche sur le mépris de Jacques Chirac, qui avait refusé de le recevoir au moment de *L'Homme qui ne s'aimait pas*. Autour de la table ronde, dans un salon du rez-de-chaussée, Éric Zemmour est situé le plus en face du président de la République, qui a placé Carignon à sa droite et Moix à sa gauche. Le polémiste d'« On n'est pas couché » est aussi celui qui accapare le plus la parole, après le chef de l'État. « C'était respectueux, mais très vif. Chacun donnait le meilleur de lui-même, voulait briller », se souvient Alain Carignon. On évoque Stendhal, Céline. Le président est tellement ravi qu'il accepte un match retour, le 23 mars 2011. Cette fois, il est notamment question d'immigration et Nicolas Sarkozy doit inviter Éric Zemmour à plus de mesure dans ses propos.

L'éditorialiste a trouvé son style, son personnage. Un soir, Patrice Duhamel revient assister au tournage d'« On n'est pas couché ». Le numéro deux de France Télévisions a gardé en tête le Zemmour tourmenté des débuts. Il découvre un polémiste transfiguré. Les épaules redressées, la nouvelle star du PAF plastronne, euphorique : « T'as vu l'impact que ça a ? Tout le monde m'en parle, c'est incroyable. » Encouragé par le succès, le chroniqueur se gonfle d'orgueil. Il pourrait s'arrêter là, profiter de ce confort nouveau, s'insérer en douceur dans le show-business. Non. Il en veut plus.

CHAPITRE 11

Le « virage zemmourien »

Des manteaux en loden, des bérets vieux style, des chemises à rayures, des écharpes Burberry. La manifestation organisée à 17 h 30, ce 25 mars 2010 devant le siège du *Figaro*, boulevard Haussmann, rassemble un public rarement aperçu dans les cortèges de rue. Trois ans avant la Manif pour tous, un embryon d'avant-garde conservatrice s'époumone au secours d'Éric Zemmour. Ils sont à peine deux cents, mais ils font du bruit à s'en décrocher les bronches. « Zemmour, on t'aime », « Faites Zemmour, pas la guerre ». Les slogans s'enchaînent, déclamés par Thibaud Vincendeau, le président des Jeunes pour la France.

Le jeune homme de vingt et un ans a tout organisé en trente-six heures, avec son compère Gonzague George, de deux ans son aîné, rencontré au sein du même mouvement. Quatre jours plus tôt, ce dernier a figuré en septième position de la « liste chrétienne » présentée en Île-de-France dans le cadre des élections régionales, une liste qui se revendique anti-avortement, en compagnie du militant Xavier Dor, importateur en France des commandos anti-IVG, multi-condamné, candidat au cinquième rang. Cette aventure électorale, soldée par 0,85 % des voix, était soutenue par l'association Arrêtons le massacre des enfants à naître (Amen), un des avatars de la Fraternité Saint-Pie-X, la société catholique traditionaliste fondée par monseigneur Lefebvre, excommuniée par le Vatican pendant trente-cinq ans en raison de son intégrisme et connue pour ses pèlerinages auprès de la tombe du maréchal Pétain, sur l'île d'Yeu. « Nous voulons la diversité d'opinions au Figarose », claironne George au mégaphone.

Deux jours plus tôt, Étienne Mougeotte, le directeur des rédactions du journal, a annoncé la convocation de l'éditorialiste à un entretien préalable à un licenciement. En cause, ses propos du 6 mars, dans l'émission « Salut les Terriens ! », sur Canal +, présentée par Thierry Ardisson. « Les Français issus de l'immigration sont plus contrôlés que les autres parce que la plupart des trafiquants sont noirs et arabes... C'est un fait », a assené Éric Zemmour. Le tollé n'a pas tardé, Mougeotte en profite pour tenter de se débarrasser de son journaliste, devenu encombrant. Cela fait plusieurs mois que le patron du *Figaro* estime que sa chronique quotidienne sur RTL, à 7 h 15, fait concurrence au quotidien. Un an auparavant, il a déplacé ce polémiste, dont il goûte peu le mordant envers la politique européenne ou sécuritaire de son ami Nicolas Sarkozy, du service politique au *Figaro Magazine*, où il signe un petit article par semaine. À 9 700 euros brut par mois, cela fait cher la contribution.

L'ancien PDG de TF1 a sous-estimé la cote d'amour de Zemmour auprès des réseaux qui représentent une part du lectorat du *Figaro*. Dès le mardi soir, le site traditionaliste Riposte catholique diffuse un appel à manifester devant la rédaction. À l'époque, son directeur de la publication, Guillaume de Thieulloy, est encore inconnu du grand public. Ce docteur en science politique est un nostalgique de la monarchie, défenseur de la doctrine sociale de l'Église, opposé à la République. Un catholique traditionaliste orthodoxe, donc. Il exerce en parallèle la fonction d'assistant parlementaire de Jean-Claude Gaudin, le sénateur-maire de Marseille, et a commencé à développer une constellation de médias dits de « réinformation », parmi lesquels Le Salon beige, tout aussi proche de l'extrême droite catholique. Celui-ci diffuse, le lendemain, une pétition de soutien au journaliste, lancée par Les 4 Vérités Hebdo, un autre site détenu… par Thieulloy. Les renvois entre les titres donnent une impression de mobilisation générale. En même temps, le syndicat UNI, historiquement plus « tête brûlée » que l'UMP, se lance dans la bataille, avec sa propre pétition.

En vingt-quatre heures, les boîtes mails d'Étienne Mougeotte et de Jean-Michel Salvator, son adjoint, sont assaillies de plaintes de lecteurs et d'abonnés qui menacent de boycotter le journal si leur polémiste préféré est licencié. Derrière ce coup de pression, on retrouve de nombreux militants des JPF et de l'UNI, pas tous abonnés, loin de là, mais bel et bien furieux. « On a fait sauter la boîte mail de Mougeotte ! » plaisante Thibaud Vincendeau.

Boulevard Haussmann, les admirateurs de Zemmour rivalisent d'imagination. Certains exhibent des affiches « J'aime Zemmour », sur lesquelles le verbe a été remplacé par un grand cœur rouge. Un pot de chrysanthème orné d'une couronne bleu-blanc-rouge, sur laquelle est écrit « Liberté d'expression », a été posé devant l'entrée du journal. « Zemmour à la place de Mougeotte », scandent les manifestants, puis : « Zemmour un jour, Zemmour toujours ! » Une minute de silence est respectée, durant laquelle les participants sont invités à se scotcher la bouche avec du ruban adhésif noir. Des mamies lèvent une feuille. « Zemmour m'a libérée du féminisme », peut-on lire.

Au sein du cortège, les seniors apprêtés voisinent avec les étudiants survoltés. L'éditorialiste recrute aux deux extrémités de la courbe des âges. L'éditorialiste Ivan Rioufol passe un court moment saluer les militants. Benjamin Lancar, le président des jeunes de l'UMP, est aperçu sur le trottoir, de même que Martine Lehideux, une ex-députée européenne du FN, longtemps membre de sa branche catholique. À un moment, Thibaud Vincendeau entame un « clapping », cette façon d'applaudir venue des supporters de football : il s'agit de frapper dans ses mains à une seule reprise, à des intervalles de plus en plus rapprochés. Le militant, déchaîné, entonne ensuite un nouveau chant : « Première, deuxième, troisième génération, nous sommes tous des enfants de Zemmour. » Puis, prophétique : « Zemmour président. » Le détournement humoristique des slogans de la gauche culturelle est réussi, l'ambiance se veut joyeuse et détendue, loin de la pompe agressive de certains rassemblements d'extrême droite. Les déclarations plus politiques n'en passent que mieux. Quand Gonzague George se lance dans un éloge du journaliste – « Il mène un très très grand combat culturel, il a une tribune splendide, je crois qu'on peut le remercier du fond du cœur » –, l'ovation résonne jusque dans les étages du journal.

À 19 heures, hourra, Éric Zemmour descend voir ses supporters. En fait, l'éditorialiste doit prendre un taxi, il a juste le temps de traverser la foule en lâchant quelques « merci », le tout en serrant les mains qui se présentent devant lui. Pas le temps de regretter le passage éclair de leur héros, une *Marseillaise* retentit pour clore la journée. En rentrant, les militants apprennent la meilleure des nouvelles : Étienne Mougeotte abandonne la procédure. Le polémiste reste au *Figaro*. Thibaud, Gonzague et les autres exultent.

En réalité, Zemmour peut autant remercier ces militants politiques que quelques amis, qui se sont mobilisés en haut lieu. Renaud Girard, le grand reporter de guerre, a sollicité les plus proches collaborateurs de Serge Dassault : « Vous faites une connerie », prévient-il. Isabelle Balkany a, elle, appelé le président de la République, Nicolas Sarkozy, en personne. « Tu m'emmerdes avec tes amis », a rétorqué le chef de l'État, tout en acceptant d'en toucher un mot à Mougeotte. Patrick Buisson est le dernier à s'être bougé pour l'auteur du *Premier Sexe*. L'épisode est raconté dans *La Cause du peuple*, l'essai-autopsie des années Sarkozy publié par le sondeur en 2016. « Zemmour ne m'épargne pas dans ses chroniques de RTL. Pourquoi l'épargnerais-je ? » interroge le président. Buisson lui oppose son intérêt politique, ce qui fait mouche : « Si tu veux braquer davantage ton électorat, livre-le à la curée. » Peu importe, au fond, à qui l'éditorialiste doit son salut. Les attaques portées à son encontre ont soudé une communauté de militants zemmouriens. La première génération Zemmour est née.

Depuis plusieurs mois, un petit groupe de camarades, dont tous n'ont pas pu se déplacer le 25 mars, en a fait son modèle. Ce n'est pour l'heure qu'une bande de copains comme tant d'autres, mais ils joueront, douze ans plus tard, un grand rôle dans la transformation d'Éric Zemmour en personnalité politique. Surtout, ils symbolisent l'enthousiasme que suscite le polémiste au sein de la droite dure. Pour l'essentiel, ces amis sont issus du Mouvement pour la France de Philippe de Villiers et de l'UNI. La majorité d'entre eux s'apprêtent à lancer la campagne du MPF aux élections européennes de 2009. Comme il est de rigueur dans les coteries d'étudiants, on s'y écharpe, on se fâche, on se rabiboche. Particularité, tous vouent un culte à Éric Zemmour. Le samedi soir, ils se retrouvent fréquemment chez les uns ou les autres pour regarder « On n'est pas couché » et se pâmer devant les envolées du chroniqueur.

« Dans les médias, avant, il ne se passait rien, il n'y avait pas une fausse note. Et là, d'un coup, on avait l'impression d'entendre la voix de millions de Français qui ne pouvaient plus l'ouvrir », témoigne Thibaud Vincendeau. Il est le meneur de la petite escouade, dans laquelle figure bien sûr Gonzague George, mais aussi Pierre Meurin, du bureau national des JPF, Antoine Diers et Samuel Lafont, du bureau national de l'UNI, ou Gonzague de Chantérac, le secrétaire général des Jeunes indépendants et paysans, un petit parti allié du MPF dans certaines régions. Le 4 février 2009, huit de ces militants se rendent dans une ambiance légère sur le plateau de l'émission de France 2. Ils vont y mettre le feu pendant trois heures, en ovationnant les *punchlines* de Zemmour et en sifflant ses adversaires. L'actrice Valérie Mairesse, conspuée à plusieurs reprises, les traite de « crétins ». Moment de gloire. Un nom de code émerge au sein de l'équipe : ils viennent de fonder le « virage zemmourien », une référence aux kops bouillants de supporters de football. Le mois suivant, le 5 mars, ils sont dix-huit à venir acclamer Zemmour, qui éreinte le maire de Lyon, Gérard Collomb, résumant sa politique à « un côté festif à la noix, un peu de com', un peu de bobos ». Dans un élan potache, Thibaud Vincendeau décide de donner une existence formelle au « VZ », comme ses membres surnomment leur petit club. Il crée un groupe Facebook, aussitôt relayé par le site identitaire Fdesouche. Plusieurs virées du virage seront encore organisées dans ce cadre.

Au-delà du pittoresque « VZ », une génération de jeunes conservateurs se forme, tous les samedis soir, grâce à Zemmour. Pour un esprit avide d'ordre et de tradition, il représente tout ce que Nicolas Sarkozy ne peut plus prétendre être depuis qu'il est devenu président de la République : un idéologue tranchant, apôtre d'une rupture nette avec la gauche sur l'immigration, l'insécurité, l'Europe ou les mœurs. Toutes les semaines, à la fin d'« On n'est pas couché », une petite grappe de fans se précipite sur le chroniqueur, pour lui faire signer qui un livre, qui un exemplaire du *Figaro*.

Devant sa télé, Geoffroy Lejeune, étudiant en droit à l'université de Marseille, se prend ainsi de passion pour ce polémiste qui exprime si bien ce qu'il pense encore un peu confusément. Après un stage auprès de Jean-Marc Roubaud, député UMP du Vaucluse, ce fils d'un général de brigade de la Légion étrangère, catholique pratiquant, se rend plusieurs fois dans le public d'« On n'est pas couché » pour observer son idole. À la fin, l'étudiant se rue sur le plateau pour échanger quelques mots avec le journaliste. « Écrivez-moi si vous voulez », finit par lui dire Zemmour. Sept ans plus tard, Lejeune deviendra directeur de la rédaction de

Valeurs actuelles. À l'autre bout du spectre sociologique, Alexandre Devecchio fait également partie des adeptes de ce chroniqueur qui défend « les petits Blancs », écrit-il. Cet étudiant en histoire, fils de petits commerçants élevé à Épinay-sur-Seine, en Seine-Saint-Denis, admire immédiatement la capacité de l'essayiste à évoquer l'intégration avec les mots durs qu'il a toujours voulu entendre dans les médias.

À partir de 2014, devenu journaliste, il travaille à ses côtés au *Figaro*. Dans son premier ouvrage publié en 2016, *Les Enfants du siècle*, une réflexion sur ces Français nés après la chute du mur de Berlin, Devecchio est le premier à évoquer l'émergence d'une « génération Zemmour ». Il la décrit comme « née du sentiment de l'urgence face au rouleau compresseur de l'Europe, de l'immigration, du marché et de la mondialisation ».

À travers Lejeune et Devecchio, c'est à deux France que s'adresse Zemmour. Celle des conservateurs bourgeois, rescapés mélancoliques de la mondialisation, qui n'affecte pas leur niveau de vie mais lamine leurs repères, et celle des classes populaires déclassées, authentiques perdants de l'ouverture des frontières. Ce rôle de porte-parole des droites éclatées, aucune autre des figures réactionnaires de l'époque ne peut prétendre l'endosser. Ni Jean-Marie Le Pen, trop vieux et trop imprégné de combats d'arrière-garde, ni Marine Le Pen, toute à sa dédiabolisation et trop « popu » pour les bourgeois, ni Philippe de Villiers, trop « tradi » pour les « popu ». Le chef de l'État, Nicolas Sarkozy, trop bling-bling pour les familles vieille France et surtout sans réponse, dès lors qu'il prend le pouvoir, face à l'insécurité culturelle des « petits Blancs » électeurs du FN, non plus.

La nature militante ayant horreur du vide, Éric Zemmour, avec sa gouaille d'enfant des faubourgs et sa culture classique de premier de la classe, endosse ce rôle qui aurait dû échoir à un politique. Il s'en rend compte. Cette mission qu'on lui assigne le renforce dans ses certitudes. Dans une interview qu'il accorde à l'émission canadienne « Les Francs-tireurs », diffusée sur Télé-Québec, en février 2011, l'éditorialiste assume de parler pour ce public nostalgique : « Les gens que je vais voir, qui achètent mon livre, à qui je dédicace mon livre, qui m'envoient des mails de soutien, qui ont manifesté pour protester contre mon licenciement éventuel au *Figaro*, ils me disent : “Ne cédez pas, vous êtes notre porte-drapeau.” »

En fusionnant ainsi avec ses groupies, Zemmour se détache encore plus de l'esprit de nuance que réclame le débat courtois. Peu à peu, il raidit son propos sur tous les sujets chers à son auditoire. Il n'a pas à se renier, ses options se situent bien à droite depuis longtemps. Juste à aller un peu plus loin qu'avant, à scander les mots qui chantent à son public. Le 3 février 2010, déjà, il a emprunté des accents inédits contre l'avortement sur RTL, pointant ces « sept millions de Français qui manquent parce qu'on les a jetés à la poubelle ». Identifié comme une arme idéologique par des orphelins politiques, c'est comme s'il se faisait un devoir de ne jamais les décevoir. Quitte à faire dans l'outrance, toujours plus.

CHAPITRE 12

Le procès

Si Zemmour avait accepté un échange sur BFM TV, toute la face de sa vie aurait pu en être changée. C'est ce que suggère aujourd'hui Alain Jakubowicz: « Il n'est pas exclu que, si nous avions eu ce débat, la Licra n'aurait pas attaqué. » Les jours où tout bascule remontent au mois de mars 2010, en parallèle de la procédure lancée puis abandonnée par Étienne Mougeotte au *Figaro*. Dans la lignée de la déclaration du journaliste sur « les Noirs et les Arabes », plusieurs associations saisissent le CSA.

La Ligue internationale contre le racisme et l'antisémitisme fait partie des plaignants. Olivier Pardo, le conseil d'Éric Zemmour, prend contact avec son président, l'avocat Alain Jakubowicz. Cet ancien cadre des jeunes démocrates sociaux souhaite trouver un arrangement amiable. Pourquoi ne pas organiser un débat entre le président de la Licra et le polémiste ? Une rencontre secrète s'organise pour en discuter les modalités. Le vendredi 19 mars, en fin d'après-midi, Jakubowicz se rend au domicile de son confrère. Éric Zemmour est là, fébrile. Il veut convaincre son interlocuteur de régler le conflit sur un plateau de télévision plutôt que dans les prétoires. Son dernier livre, *Mélancolie française*, sorti au début du mois, est posé sur la table. Sa couverture montre un drapeau français avec, dans le blanc du milieu, un aigle incrusté. « Je ne comprends pas cette obsession que vous avez pour l'aigle », lance l'avocat, en guise de premier échange. Il s'avère houleux. « Pour moi, c'est un symbole nazi. » Le polémiste s'emporte aussitôt : « C'est vraiment une déformation, une obsession chez vous, parce que c'est l'aigle napoléonien. »

Les deux hommes se parlent, mais ne se comprennent pas vraiment. Le président de la Licra a le plus grand mal à appréhender les ressorts profonds de cet essayiste souriant qui ne correspond pas au morphotype des nervis auxquels il a l'habitude de s'opposer. Zemmour vit comme une catastrophe qu'on songe à judiciariser ses propos. Pour lui, le débat d'idées doit ressembler à un roman de cape et d'épée où les désaccords ne peuvent se régler qu'à coups d'estocs verbaux. Comme s'il ne fallait pas prendre tout cela totalement au sérieux, finalement.

Son orgueil est d'autant plus heurté que l'argumentation de ses adversaires le renvoie dans le camp des prévenus de justice, des transgresseurs des règles établies. Soit précisément ceux que ce défenseur de l'ordre pourfend depuis toujours. L'essayiste envisage avec effroi l'humiliation. « La possibilité d'un procès est pour lui incompréhensible et insupportable. Sa logique ne le comprend pas. Là, il a une forme d'inintelligence », constate maître Jakubowicz.

Malgré leur désaccord irréconciliable, Zemmour et Jakubowicz s'entendent sur l'idée d'un débat à la télévision. L'avocat pourra prendre à témoin le public pour expliquer à quel point le discours de son interlocuteur lui paraît dangereux. Le journaliste aura l'occasion d'expliciter sa position. Reste à déterminer la chaîne. Europe 1 est évoqué, puis ils topent sur BFM TV, dans l'émission de Ruth Elkrief.

Le duel est annoncé pour le jeudi 25 mars. Il n'aura jamais lieu. La veille, le polémiste appelle la direction de la rédaction pour annuler. Il ne souhaite s'exprimer que sur I-Télé, qui l'emploie. Le projet capote. À la place, Éric Zemmour envoie une lettre censée apaiser les esprits au siège de la Licra. Le mot « excuses » n'y figure pas, mais la teneur du début du courrier se veut plutôt conciliante. « Monsieur le Président, je fais suite à notre rencontre à l'instigation de mon avocat, Olivier Pardo. Cette rencontre nous a permis de nous rendre compte qu'il y avait bien eu un malentendu et une confusion non seulement dans la reprise de mes propos par les médias, mais également dans l'analyse qui a pu ensuite en être faite et qui a conduit à ce déchaînement médiatique à mon encontre », commence-t-il. Et de paraître faire acte de contrition : « Ma volonté n'a jamais été de stigmatiser les Noirs ou les Arabes comme des délinquants, mais, si cette phrase, sortie de tout contexte, a pu heurter, je le regrette. »

Dans la seconde partie de sa missive, cependant, Éric Zemmour persiste et précise longuement sa position : « En 2007, dans un article du *Point*, qui avait eu accès aux synthèses de la Direction centrale de la sécurité publique (DCSP) et de la Direction centrale de la police judiciaire (DCPJ), on évaluait entre 60 et 70 % des suspects répertoriés issus de l'immigration. Il y a près de dix ans, la commissaire Lucienne Bui Trong, chargée des violences urbaines à la direction centrale des RG, relevait que 85 % de leurs auteurs sont d'origine maghrébine. Dans un article du *Monde*, du 16 mars 2010, les rapports des RG sur les bandes violentes établissaient que 87 % étaient de nationalité française, 67 % d'origine maghrébine et 17 % d'origine africaine. » Il en conclut que « la "plupart" est donc, au regard de ces chiffres, le mot qui convient ».

L'association ne se laisse pas convaincre par de telles explications. En compagnie de SOS Racisme, du Mouvement contre le racisme et pour l'amitié entre les peuples (MRAP) et de l'Union des étudiants juifs de France, elle porte plainte contre l'essayiste. Période pénible pour Éric Zemmour. Le 1er avril, il doit en outre essuyer une manifestation hostile du Conseil représentatif des associations noires (CRAN) et du MRAP en marge de l'enregistrement d'« On n'est pas couché », devant le Moulin Rouge.

Comme souvent dans sa vie, au moment où il est fragilisé, Éric Zemmour peut compter sur des protections inattendues. Le diplomate Patrice Champion s'est rapproché de lui à l'occasion d'une polémique précédente, lorsque le chroniqueur a défendu l'existence de la « race blanche » et de la « race noire » sur Arte, le 13 novembre 2008. « Ne vous inquiétez pas, le mot race existe encore dans la Déclaration des droits de l'homme et la Déclaration universelle », le rassure cet ancien directeur d'instituts français au ministère des Affaires étrangères, qui occupe alors le poste exposé de conseiller spécial de Rama Yade, la secrétaire d'État aux droits de l'homme. Le haut fonctionnaire offre spontanément de se présenter comme témoin à décharge au futur procès du polémiste.

Pierre Monzani, le préfet de l'Allier, devenu proche du journaliste depuis l'époque où il exerçait en tant que secrétaire général adjoint du groupe souverainiste Union pour l'Europe des nations au Parlement européen, fait de même. Peu à peu, les appels, les lettres affluent. Jean-Luc Mélenchon propose également son aide, avec l'idée de défendre non le fond du propos sur « les trafiquants noirs et arabes », qu'il réprouve, mais la moralité du polémiste et le principe du débat d'opinion. L'adjoint PS à la mairie de Paris Christophe Girard ou encore le député socialiste Gaëtan Gorce envoient des courriers similaires.

Le jour du procès, le 11 janvier 2011, Olivier Pardo a voulu transformer le tribunal correctionnel de Paris en chapelle du collège Saint-Grégoire de Valladolid. Comme l'empereur Charles Quint, qui fit trancher par des débats solennels la question de la valeur humaine des Indiens d'Amérique, l'avocat souhaite faire de la citation de son client pour « diffamation commise envers une personne ou un groupe de personnes à raison de leur origine » et « provocation à la discrimination raciale » une controverse nationale sur la liberté d'expression. Peut-on tout dire ? Dans la bouche des supporteurs d'Éric Zemmour, ce serait d'ailleurs plutôt : a-t-on encore le droit de dire quelque chose ? En guise de préliminaires, l'association Les Amis d'Éric Zemmour et l'UNI ont lancé deux pétitions de soutien à l'essayiste. Celle du syndicat étudiant exalte « la liberté d'expression, de plus en plus étouffée au nom d'un conformisme intellectuel omniprésent et toujours pesant ».

Pierre-Yves Rougeyron, le président de l'association Les Amis d'Éric Zemmour, créée six mois plus tôt, a organisé une présence continue sur les trois jours d'audience. À tout moment, une quarantaine de militants zemmouriens sont présents sur les lieux. Dans le calme et sans bannière distinctive, ils font la claque dès que le polémiste ou son avocat apparaissent. « Bravo Zemmour », quelques applaudissements, des feuilles A4 « I Love Zemmour »… Ce n'est pas grand-chose mais suffisamment pour faire sourire le journaliste, ragaillardi par tant de soutiens.

Signe que l'heure est solennelle, son épouse, Mylène, l'accompagne. Au sein du carré de fidèles, on retrouve les intermittents du « VZ » et militants de l'UNI Gonzague de Chantérac, Samuel Lafont et Antoine Diers. Vêtu d'un manteau en peau de mouton, ce dernier fait le tour des médias : « On est hallucinés de voir qu'il y a une chape de plomb médiatique, d'associations qui ne visent qu'une chose : brider le débat, interdire certains sujets, interdire certains mots. »

Quelques figures nouvelles sont également apparues. Il y a Charles Aslangul, le patron d'Ordre républicain, une petite association créée pour s'opposer à la nourriture halal dans les fast-foods Quick, que Zemmour a soutenue. « Le débat républicain, on se doit de le respecter dans le pays de Voltaire », défend cet adhérent de l'UMP, qui deviendra dix ans plus tard maire de Brie-sur-Marne, en région parisienne. Il y a Myriam Picard, une militante de Risposte laïque, Jean Robin, un journaliste indépendant, Nicolas Smeets, proche des cercles de Paul-Marie Coûteaux, Christophe Bentz, qui a succédé à Thibaud Vincendeau à la tête des Jeunes pour la France.

Dans ces milieux, on aime rejouer à l'infini les heures des grands affrontements militants. L'après-midi du premier jour, une rumeur parcourt les travées : les militants d'extrême gauche du Parti des indigènes de la République seraient prêts à rappliquer pour faire le coup de poing. Finalement, rien ne vient, mais ce type d'alerte avive le sentiment général de vivre un moment de l'histoire du débat français.

Dans la salle d'audience, la tension suinte des murs. Zemmour, encravaté et tout bronzé, de retour de vacances, choisit de répondre pied à pied aux arguments des associations plaignantes. Aucun dérapage, aucune maladresse dans sa déclaration, assure-t-il : « Je ne suis pas un provocateur. Je dis ce que je pense, crois et vois. » Il joue la vérité violente contre la cécité compatissante des organisations antiracistes. « Mes propos ne sont pas maladroits, mais brutaux. Mais la vie, la réalité, est brutale », insiste l'éditorialiste, ulcéré par la « logique d'inquisition » et le « politiquement correct » de ses interlocuteurs.

Olivier Pardo fait citer à la barre le courrier de l'ancien ministre de l'Intérieur Jean-Pierre Chevènement, en soutien du polémiste : « Sans doute M. Zemmour a-t-il, dans le feu de la discussion, utilisé une formulation excessivement brutale, mais il n'a, hélas, pas dit une chose matériellement inexacte. Il suffit, comme j'ai eu l'occasion de le faire, de consulter les listings de la Direction centrale de la Sécurité publique du ministère de l'Intérieur, pour constater que plus de 50 % des infractions constatées étaient imputables à des jeunes dont le patronyme est de consonance africaine ou maghrébine. »

Pour le reste, l'avocat espérait trente témoins, il en a finalement une dizaine sous la main. Ils entrent en scène au deuxième jour, chacun dans leur rôle. L'écrivain Denis Tillinac tient le registre du terrien bouillonnant : « Il y a dans l'air ambiant du côté de la rive gauche de la Seine un drôle de fluide. Si on lâche un peu la plume, on peut se retrouver à la barre. Il y a des réalités qu'il ne faut pas dire. »

Éric Naulleau, bon copain, brosse le portrait d'un excessif attachant : « Si je devais attaquer Zemmour à chaque fois que je suis en désaccord avec lui, je passerais ma vie au tribunal. On veut ici se payer Zemmour pour l'ensemble de son œuvre, parce qu'on n'est pas vraiment capable de débattre face à lui. »

Pour le fond, il y a le préfet Pierre Monzani, qui raconte sa réalité de la vie en commissariat : « Nous n'avons pas de statistiques, mais des listes de gardés à vue dont les résultats font apparaître une surreprésentation de population d'origine immigrée récente. » Patrice Champion ajoute une touche d'humour en se présentant comme « le nègre de Rama Yade ». Mines consternées sur les bancs des parties civiles. Si Alain Jakubowicz demeure placide, Dominique Sopo, le président de SOS Racisme, manque à plusieurs reprises de perdre ses nerfs. La procureure requiert sa condamnation, en laissant à l'appréciation du tribunal le montant de la peine.

À la sortie de l'audience, les pétitionnaires lancent encore des « Bravo, Zemmour », applaudissent chaleureusement. Ému, l'essayiste s'arrête un instant. « Je voulais vous remercier d'être là, depuis le début de cette affaire. Je sais ce que je vous dois. Ce que je dois à votre amitié persistante. Je ne l'oublierai jamais. » Olivier Pardo clame : « On va gagner ! » et la petite foule se disperse dans l'euphorie.

Le 18 février, désillusion. Éric Zemmour est condamné à 2 000 euros d'amende avec sursis. Le polémiste est relaxé du délit de diffamation, même si la cour juge ses propos « choquants » ; en revanche, la provocation à la haine raciale est retenue. Il a « dépassé les limites autorisées de la liberté d'expression », tranche le tribunal. Aussitôt, la CGT de France Télévisions demande son départ. France 2 et RTL paraissent tergiverser. La station fait diffuser un message aigre dans les médias : « Nous regrettons les propos d'Éric Zemmour. Ses interventions matinales sont encadrées et supervisées chaque matin par la rédaction. Nous lui avons demandé de veiller au respect des valeurs humanistes de la station. »

Encore une fois, l'éditorialiste est tiré de ce mauvais vent par un ami de longue date, croisé au Parti républicain. Hervé Novelli, ancien ministre et numéro deux de l'UMP, le convie à une réunion de son club, Les Réformateurs, pour une allocution consacrée à la liberté de pensée, le 2 mars. « J'ai vu qu'il était un peu ostracisé, donc je me suis dit qu'il fallait lui redonner un peu d'air. Ça lui a fait plaisir », se souvient l'ancien député-maire de Richelieu, en Indre-et-Loire. Ce n'est pas grand-chose, mais l'événement permet de montrer qu'il conserve des soutiens au sein du parti du chef de l'État, Nicolas Sarkozy. « Merci de m'avoir tendu la main », souffle Zemmour à Novelli.

L'invitation ne suffit cependant pas à le faire revenir dans les bonnes grâces de France 2. Au sein de l'équipe d'« On n'est pas couché », Laurent Ruquier commence à en avoir un peu marre. « J'ai senti que ses propos devenaient de plus en plus réactionnaires », se rappelle le présentateur. Il va trouver Catherine Barma : « Écoute, je crois qu'on a fait le tour. » La productrice ne l'entend pas ainsi. Pendant des semaines, elle bataille auprès de la chaîne pour conserver son chroniqueur vedette. Rémy Pflimlin, le patron du groupe, ne cille pas. Lui aussi considère qu'un journaliste condamné pour provocation à la haine raciale n'a plus sa place. Le 26 mai, Laurent Ruquier annonce se séparer des deux Éric, Zemmour et Naulleau. « Au bout de cinq saisons, on sait d'avance comment pensent Éric Naulleau et Éric Zemmour et ce qu'ils vont dire », explique-t-il.

Le polémiste affecte une colère froide. « Ruquier a cédé devant sa camarilla de bien-pensants », expose-t-il devant ses amis. Ce printemps 2011 lui laisse un souvenir sinistre. À cause d'une autre décision, qu'il ne cessera de regretter : épuisé par sa bataille judiciaire, il a renoncé à faire appel de sa condamnation pénale.

Désormais, à chaque débat tendu, son adversaire rappelle qu'il converse avec un délinquant. Éric Zemmour ne peut qu'enrager.

CHAPITRE 13

Éric qui rit et Dark Zemmour

Un grand sourire. Cela restera notre premier souvenir d'Éric Zemmour. Ce mercredi 24 mars 2021, nous le rencontrons pour la première fois dans les locaux de Mediawan, à Paris. Cela n'a rien à voir avec le livre, il n'est pas encore au courant. Nous sommes invités de l'émission « Zemmour & Naulleau », sur Paris Première, pour présenter un dossier de *L'Express* sur l'enfer bureaucratique. Éric Naulleau promène sa mine renfrognée, il ignore tout le monde. Raphaël Enthoven, l'autre invité, qui a une chronique dans notre journal, ne nous a pas reconnu. Sandrine Sarroche chante au maquillage.

L'éditorialiste du *Figaro*, lui, vient nous saluer, jovial : « Super le papier, je me suis régalé. » L'œil est malicieux. Nous discutons quelques secondes de football et son visage s'éclaire encore quand il découvre que nous connaissons son surnom de jeunesse, Rocheteau. « Exactement ! » À la fin de l'émission, pendant laquelle il a vaguement tenté de nous chicaner, le regard rieur, il nous lance, bienveillant : « Bravo ! »

Difficile de trouver Éric Zemmour détestable dans le contact humain. Il se montre le plus souvent avenant, accessible. Tous ceux qui l'ont croisé, même ceux qui exècrent sa pensée, sont obligés de le reconnaître. « Personne ne peut dire qu'il n'était pas charmant », reconnaît Laurent Ruquier, qui regrette pourtant de lui avoir donné une telle audience. « Quelqu'un avec un sourire pareil ne peut pas être complètement cynique », se surprend à se dire un jour Nathalie Saint-Cricq. Sur les plateaux de télévision, après une joute verbale, il sort instantanément de son personnage de polémiste péremptoire. Les plans de coupe le montrent hilare, à l'affut d'un bon mot de ses collègues. « Il y a toujours un jeu chez lui, il y a un côté jouissif. Il se marre ! » analyse Franz-Olivier Giesbert, qui ajoute : « Vous devriez titrer votre livre "L'homme qui rit". » C'est vrai qu'il rit beaucoup, Zemmour. « Il s'esclaffe. Il adore s'esclaffer, ça le rend inoffensif aux yeux des autres », décrit Jean-Philippe Moinet, à peu près en désaccord sur tout avec lui. Et puis il y a ce physique fluet, qui, inconsciemment ou non, incite à l'indulgence. « Il est tout frêle, ça participe à son côté sympathique », explicite l'essayiste Jacques de Guillebon.

À l'époque d'« On n'est pas couché », l'humoriste Jonathan Lambert a fait du décalage entre le discours politique radical de son collègue et son physique de gringalet un gimmick comique. Toutes les semaines ou presque, il moque son collègue dans son sketch, le qualifiant de Gargamel ou d'étourneau, ce petit oiseau très bruyant. Un jour, il lui balance même des graines au visage. À chaque fois, le journaliste pouffe de bon cœur en gigotant légèrement sur son siège, les bras croisés, à la manière d'un Philippe Bouvard. « Éric, c'était un super client, car il était très rigolard, facile à imiter », salue Arnaud Lemort, le coauteur des sketchs du comédien. Pendant que certaines personnalités proches de ses idées, au hasard Patrick Buisson ou Bruno Gollnisch, peinent à se départir d'une raideur anxiogène en public, Éric Zemmour passe pour l'éternel gamin réjoui de faire une farce aux adultes. Plus fort que tous les manuels de dédiabolisation.

Cet abord jovial fait partie de lui. Dans la rue ou à la terrasse des restaurants, il ne refuse jamais un selfie, si bien que des files d'attente se forment parfois spontanément pour réaliser le précieux cliché. Il répond à tous les messages de fans qui lui sont adressés sur sa boîte mail du *Figaro*. N'importe qui ou presque peut espérer prendre un café avec lui, pour peu qu'il l'ait sollicité. Rien de tel pour susciter des fidélités. Lors de sa première sortie d'homme politique, à Dunkerque, le 18 juin 2021, plusieurs passants l'interpellent naturellement: «Ça va, Éric?» Antoine Diers, le porte-parole de l'association Les Amis d'Éric Zemmour, s'en réjouit: «Éric ne fait pas "star inaccessible". Pour les gens, c'est comme un vieux pote.» Pour certaines de ses groupies, la vedette de télé s'apparente même à une mascotte. On imagine l'essayiste glousser, avec son tressautement d'épaules caractéristique, en découvrant le tee-shirt «Faites Zemmour, pas la guerre» ou le mug «Ben voyons», une de ses saillies fétiches, imaginés par ses admirateurs.

Cette gaieté espiègle a toujours accompagné le journaliste. Au *Quotidien de Paris*, il rit avec le même engouement aux boutades vieille France d'un Bernard Brizay et aux remarques spontanées de la jeune Sandrine Briclot. Manuel Carcassonne se souvient d'un jeune homme exquis: «Il était peigné comme chez les scouts, c'était le gendre idéal. Chez Grasset, tout le monde l'appréciait. Il avait quelque chose de solaire.» Un peu comme un Michel Houellebecq, dont le charisme repose sur son physique à mille lieues du morphotype du mâle alpha, Éric Zemmour séduit par ses contradictions évidentes. Adorateur de la force, mais frêle. Sûr de sa culture, mais avide de reconnaissance extérieure. Le signe de fêlures intimes qu'il n'extériorise jamais. Denis Bourgeois, son éditeur en 2002, en a été immédiatement attendri: «Je le revois déjà à vif, portant je ne sais quel complexe de son enfance. Il me touchait énormément par son ingénuité.» Les amis proches de l'éditorialiste paraissent tous traversés par le même double sentiment: une admiration pour le savoir livresque de l'essayiste et un instinct de protection pour l'homme, qui leur apparaît si fragile. Lise Boëll, qui s'est occupée de lui chez Albin Michel, en parle comme d'un enfant terrible: « C'est quelqu'un de rude dans les médias mais d'extrêmement attachant dans la vie. »

Bien sûr, Éric Zemmour a, comme beaucoup d'hommes de lettres, une tendance naturelle à l'égotisme. Quand on demande à son entourage s'il s'intéresse aux autres, pose beaucoup de questions, un « non » bruyant retentit dans la seconde, comme une évidence. Avec lui, l'amitié est forcément un peu déséquilibrée, ce doit être lui, la personne d'exception du duo. Ce qu'il apprécie, c'est le face-à-face d'idées, le corps-à-corps rhétorique, comme lors de cette soirée chez Olivier Rubinstein, au début des années 2010, restée mémorable car il surpasse Alain Finkielkraut dans un débat. Cette obsession de la compétition intellectuelle laisse apparaître un premier point faible. L'essayiste n'est pas un meneur de bande car il a du mal à encourager les autres, tout concentré qu'il est sur sa propre réussite. « Il n'aime pas trop former les gens », reconnaît Sarah Knafo, alors qu'on l'interroge sur l'émergence d'une « génération Zemmour », à une époque où son mentor n'envisage pas encore de se présenter à l'élection présidentielle.

À l'inverse, il prend un plaisir étonnant à éreinter, dans les colonnes du *Figaro*, ses plus fidèles soutiens. Une façon de claironner que la bataille culturelle passe avant les amitiés. Ainsi, il tance sévèrement le premier essai d'Eugénie Bastié, *Adieu mademoiselle. La défaite des femmes*, pourtant l'une de ses grandes admiratrices. Pas assez radical à son goût. « Bastié ouvre son livre sur un hommage appuyé à Simone de Beauvoir. Notre auteur fait allégeance à l'icône: [...] elle fait avec le féminisme ce que les apôtres du "padamalgam" font avec l'islam, et ce que les compagnons de route du communisme ont fait avec le marxisme. Et c'est le même échec. Comme tout l'islam est dans le Coran, et tout le communisme dans Marx, tout le féminisme est dans Beauvoir, bon ou mauvais », écrit-il, le 6 avril 2016. Même crudité à l'encontre de l'historien du droit Jacques de Saint-Victor, pourtant son collaborateur dévoué pour *Le Suicide français* et *Destin français*. L'ouvrage qu'il coordonne, *La France en récits*, est atomisé, le 8 juillet 2020, pour les mêmes raisons que le livre d'Eugénie Bastié. Pas assez conservateur. Saint-Victor a eu le malheur de critiquer les « dérives identitaires » à la fois de l'extrême gauche et des « ultras » obsédés par « la défense de l'hétérosexuel catholique blanc ».« Cette fallacieuse équivalence est à la mode dans les milieux autoproclamés "républicains". On ignorait que le général de Gaulle fût un "ultra-identitaire" lorsqu'il confiait à Peyrefitte : "Nous sommes avant tout un peuple de race blanche, de religion chrétienne et de culture gréco-romaine" », écrit Zemmour. Voilà le sparring-partner de toujours déculotté en public. Ce qui n'empêche pas le polémiste de délivrer ses meilleures mines réjouies à ses amis lorsqu'il les croise.

En débat, Éric Zemmour peut non seulement se révéler rude, mais méprisant, cassant. L'actrice Anne Dorval a fait l'expérience des deux faces de l'éditorialiste. En octobre 2014, elle est invitée d'« On n'est pas couché » en même temps que le journaliste du *Figaro*, venu présenter *Le Suicide français*. Nerveuse en coulisses, ignorée par l'équipe de l'émission, elle a la surprise de le voir s'avancer vers elle. « Ne vous inquiétez pas, ça va bien se passer, ils ont aimé votre film », la rassure-t-il, armé de son grand sourire. Leur interaction sur le plateau ne se passera pas aussi harmonieusement. Choquée par ses propos hostiles au mariage homosexuel, la comédienne s'avoue « consternée ». Réplique cinglante de l'essayiste, soupirs de dédain à l'appui : « En général dans votre milieu d'actrices… J'ai entendu ça pendant cinq ans, je sais, je connais. »

Quand il se sent contesté, le Zébulon rieur vanté par ses amis peut se transformer en personnage ombrageux. Lors de sa dernière intervention sur I-Télé avant d'être licencié, en décembre 2014, il s'emporte de la même façon. Invité par la chaîne à s'expliquer sur des propos tenus dans le *Corriere della serra* – l'hypothèse de la déportation de musulmans est évoquée –, Éric Zemmour peine à dissiper le malentendu. Il estime que l'identité française ne s'obtient pas en détenant un passeport, laisse entendre qu'on peut difficilement être à la fois musulman et français. Micros fermés, l'essayiste se rue en régie, où l'a observé Céline Pigalle, la directrice de la rédaction. « Tu as fait pleurer ma secrétaire qui est sénégalaise », lance la dirigeante. Répartie de Zemmour : « C'est toujours comme ça dans les guerres. Les femmes pleurent ». Puis, une citation : « Tu incarnes la quintessence de la phrase de Stendhal : "Ils prennent l'étiolement de leur âme pour de l'humanisme et de la générosité". » Il part en claquant la porte. La séquence ne sera jamais diffusée.

« Aujourd'hui, il cultive quelque chose de nocturne », estime Manuel Carcassonne, qui a arrêté de fréquenter le polémiste le jour où il a refusé son roman, *Le Dandy rouge*. « Je suis difficile en fiction. Avec le recul, je regrette un peu. Il l'a très mal pris. On sentait un orgueil placé là. Quand on s'est rappelés, plus tard, il s'est montré très lointain, a écourté la conversation. » En 2015, ses relations avec ses officiers de sécurité virent elles aussi à la défiance. Protégé par le ministère de l'Intérieur à la suite des attentats de janvier, le journaliste le vit mal. Auprès de ses amis, il s'agace : « Je ne peux plus faire ce que je veux… »

Cette noirceur, Éric Zemmour la transporte aussi dans son discours politique. Plus affable que la moyenne des éditorialistes, il va aussi beaucoup plus loin dans la radicalité de son propos. Le sourire franc s'estompe alors, pour laisser place à un masque acerbe. « Il est plus pessimiste que moi, confirme l'ex-député Jean-Frédéric Poisson, avec qui il déjeune tous les mois. Il voit l'histoire au travers des grands chaînes causales, et est plus attentif aux chutes qu'aux rebonds. » Cette théorie du chaos anime le journaliste depuis qu'il s'est mis à écrire, au *Quotidien de Paris*.

D'où que cela vienne, ses fans adorent l'entendre jouer les Cassandre, annoncer la guerre civile, la fin de la France. « Du Dark Zemmour », s'extasie Erik Tegnér après son discours à la Convention de la droite, en septembre 2019. « Le dynamisme démographique de notre continent a permis aux Blancs de coloniser le monde. Ils ont exterminé les Indiens et les Aborigènes, asservi les Africains. Aujourd'hui, nous vivons une inversion démographique, qui entraîne une inversion des courants migratoires, qui entraîne une inversion de la colonisation. Je vous laisse deviner qui seront leurs Indiens et leurs esclaves : c'est vous ! » annonce le polémiste, plus crépusculaire que jamais. Cette fois, même Marion Maréchal se démarque. Elle confie à ses proches avoir trouvé le propos « trop noir ».

Porté par un référentiel intime tortueux, imbibé d'une vision de l'histoire iconoclaste, où les valeurs d'une époque ont peu d'importance comparées au temps long, Éric Zemmour a quelque chose d'incontrôlable. Ses réflexions, délestées du filtre social habituel, peuvent laisser son interlocuteur stupéfait. Lui seul est capable de ne pas balayer immédiatement l'idée de nouvelles déportations, lui seul se permet de regretter publiquement qu'une journaliste s'appelle Hapsatou et non Corinne, lui seul a le culot d'affirmer dans une synagogue que les Juifs avaient trop de pouvoir dans les années 1930. Sans qu'on le prenne toujours au sérieux, comme s'il s'agissait des menées d'un enfant teigneux dans la cour de récréation.

Il en est ainsi ce jour d'avril 1996, où Éric Zemmour est viré par le nouveau directeur de *L'Express*, Denis Jeambar. Le premier licenciement individuel de sa carrière. Entre les deux hommes, le contentieux date de quinze mois plus tôt, quand l'un officiait comme chroniqueur à *InfoMatin* et l'autre comme directeur du *Point*. Un jour de janvier 1995, Christophe Barbier, le rédacteur en chef politique de l'hebdomadaire, fonce dans le bureau du patron : « Il y a votre nom partout. » Dans sa main, les épreuves de *Balladur, Immobile à grands pas*, le premier livre d'Éric Zemmour. Denis Jeambar blêmit. Quelques mois auparavant, il a reçu le journaliste à deux reprises, pour parler du Premier ministre. Il lui a livré plusieurs anecdotes savoureuses, en lui interdisant de les retranscrire. Promesse manifestement non tenue. Le dirigeant appelle immédiatement Jean-Paul Enthoven, le directeur éditorial chez Grasset, qui défend l'ouvrage. Les mentions sont retirées *in extremis*. « Je n'ai pas confiance en toi, je vais recruter Christophe Barbier, il n'y a pas de place pour vous deux », indique le nouveau boss de *L'Express* à Zemmour, recruté trois mois plus tôt par Christine Ockrent, désormais écartée.

Éric Zemmour ne dit rien. Il sort du bureau, hagard. Puis il s'extrait d'un coup de son effarement, rouvre la porte. Dans l'entrebâillement, il pointe le doigt, hors de lui : « La prochaine fois que je te vois, je te tue. » Son interlocuteur éclate de rire. Finalement, Éric Zemmour n'a pas assassiné Denis Jeambar. Quelques années plus tard, alors qu'ils se croisent par hasard au marché d'Aligre, dans le XIIe arrondissement de Paris, le patron de presse lance, provocateur : « Salut, Zemmour ! » L'éditorialiste lève les yeux, découvre son bourreau. Sidéré, il se contente de rentrer la tête dans ses épaules.

CHAPITRE 14

La fabrique d'un best-seller

Octobre 2014. Olivier Rubinstein est convoqué par ses supérieurs de l'ambassade de France à Tel-Aviv. Motif: mention de son nom dans les remerciements du *Suicide français* d'Éric Zemmour. Le conseiller culturel a de quoi être gêné, l'ouvrage relativise la responsabilité de Pétain dans la déportation des Juifs de France. L'ex-directeur général de chez Denoël doit assurer qu'il a découvert le contenu du livre en même temps que tout le monde, qu'il n'a en rien participé à son élaboration. En revanche, c'est bien lui qui a eu l'idée du concept. Début 2011, l'éditeur est tombé sur *Patria*, du journaliste italien Enrico Deaglio. L'essai retrace, jour après jour, l'évolution de l'Italie à partir de l'assassinat du Premier ministre Aldo Moro, en 1978, et jusqu'en 2010. Résultats électoraux, sorties culturelles, événements économiques, tout est mélangé. Rubinstein se dit immédiatement que transposer l'idée en France pourrait convenir à l'esprit touche-à-tout d'Éric Zemmour, son auteur depuis 2006. Effectivement, l'intéressé est emballé par ce travail qui ferait appel à sa sensibilité d'historien du présent. En juin 2011, l'éditeur démissionne pour devenir diplomate en Israël. Comme Frankenstein avec sa créature, le projet lui échappe.

Automne 2011. Lise Boëll, éditrice à succès de livres pour enfants chez Albin Michel, a reçu une mission de Richard Ducousset, son directeur. Il faut attirer Éric Zemmour dans ses filets. La quadragénaire met plusieurs semaines à oser envoyer un SMS d'hameçonnage à l'auteur. De son côté, le journaliste cherche justement un nouveau sparring-partner. Il répond illico : « Vous avez une chance inouïe, je m'apprête à signer avec un éditeur. Voyons-nous demain matin. » Rendez-vous est pris à 10 heures à l'Odessa, dans le quartier de Montparnasse. Boëll donne le meilleur d'elle-même. « J'ai une autre approche du livre. Je fais du marketing éditorial. Il faut sublimer le contenu par la forme, la forme étant définie par l'ensemble des enjeux du marché », dit-elle. Plus que pousser une ligne idéologique, cette femme de livres aime faire des coups, trouver la recette qui plaira au public. La petite musique sonne doux aux oreilles du polémiste, qui aimerait reproduire l'exploit du *Premier Sexe*. Les origines pieds-noirs de Lise Boëll jouent-elles aussi en sa faveur ? Les deux larrons passent leur matinée à rire. Ils ont la rare impression de se connaître depuis toujours. Éric Zemmour signe chez Albin Michel. Le premier ouvrage qu'ils publient s'appelle *Le Bûcher des vaniteux*, un recueil des chroniques du journaliste sur RTL. Avec une présentation astucieuse, ils parviennent à en écouler trente-cinq mille exemplaires. En même temps, le salarié du *Figaro* poursuit le projet « Patria ». Il en parle souvent avec son ami Jacques de Saint-Victor, un ex-journaliste devenu professeur d'histoire du droit, parfaitement italianisant, et qui connaît donc bien l'œuvre de Deaglio. L'universitaire est engagé dans l'aventure. Le trio entreprend d'adapter le concept aux obsessions zemmouriennes. Plutôt qu'un récit jour par jour, il s'agira de piocher dans la culture populaire, dans les grands événements politiques ou économiques, des explications de la destruction progressive de la France depuis le début des années 1970, grande thèse poursuivie par l'essayiste.

Lise Boëll a tant entendu son auteur gloser sur la gauche culturelle qu'elle a l'idée de le faire écrire sur ces chansons, ces films, qui ont marqué leur époque, pour le pire selon Zemmour. « L'objectif est de diversifier ton lectorat pour gagner en notoriété éditoriale. Séduire tes fans de TV autant que tes lecteurs cultivés. Bref il faut que tu t'adresses à tout le monde, pas seulement aux intellos », répète-t-elle. Il commence à écrire, au fur et à mesure. Son éditrice s'attelle à raccourcir sa prose parfois débordante. Bien sûr, les pages sur l'avortement ou la place des femmes lui font lever les yeux au ciel, mais l'accord est clair. Elle est là pour améliorer la copie, pas pour censurer le propos de l'essayiste. Parfois, il faut compter jusqu'à six ou sept versions d'un même chapitre pour trouver la bonne rédaction. Les échanges s'avèrent rudes, Éric Zemmour aime pinailler sur l'importance de telle citation, de tel adjectif. Il arrive que le duo se raccroche au nez, ne se parle plus pendant vingt-quatre heures. « Tu es la seule qui me parle comme ça », dit le journaliste à Lise Boëll, quand elle le rudoie. C'est elle qui trouve le titre, *Le Suicide français*, manière d'assumer à fond le côté prophète de malheur de l'écrivain. Personne ne notera qu'en février 2014 l'essayiste Renaud Camus, avec qui Éric Zemmour partage une grande partie des constats, a publié *France : suicide d'une nation*, un très court opuscule, radical en diable.

Jacques de Saint-Victor donne son avis, conseille quelques lectures. Même s'il n'est pas forcément à l'aise avec les diatribes de son ami sur l'immigration ou les mœurs, il doit reconnaître que le texte tape fort, en plein là où la droite française l'attend. La critique de « L'Aziza » de Daniel Balavoine ou de la chanson « Lily » de Pierre Perret raviront ces milieux conservateurs qui n'ont jamais supporté le surmoi internationaliste d'une partie de la gauche, ces irréductibles qui se sont escrimés jusqu'au dernier jour à dire « Mit-rand », en deux syllabes, pour désigner le président socialiste. Le succès en librairie ne fait pas de doute. Il n'y a guère que le cas Vichy qui l'inquiète. Le jour où Éric Zemmour lui annonce vouloir s'attaquer à l'universitaire américain Robert

Paxton et à son livre *La France de Vichy*, traduit en français en 1973, et ce pour défendre Pétain, le juriste sursaute. « Ce n'est pas ton rôle, tu n'es pas historien, tu y vas avec ton canif et ton couteau contre Paxton, qui a travaillé les archives... », tente-t-il de le raisonner. Rien à faire. « Puisque personne ne le fait, pourquoi pas moi ? » insiste le polémiste. Depuis son départ de France 2, qu'il attribue à la bien-pensance médiatique, Éric Zemmour est plus décidé que jamais à faire éclater ces tabous qui expliquent l'hégémonie culturelle de la gauche. L'opprobre jeté sur l'idéologie nationaliste, qui rapproche toute mesure musclée, comme des reconduites aux frontières, de Vichy, obsède le journaliste depuis de nombreuses années. Il n'est plus le seul. En octobre 2011, Jean Sévillia, son collègue du *Figaro Magazine*, avec qui il chemine au sein du jury du Prix du livre incorrect, a publié un ouvrage qui poursuit rigoureusement le même objectif. Dans *Historiquement incorrect*, l'essayiste royaliste tente de montrer comment la gauche a réécrit l'histoire à son avantage, afin de disqualifier les idées conservatrices. Un chapitre est consacré au régime de Vichy. « L'ouvrage de Robert Paxton, *La France de Vichy*, est maintenant considéré comme la Bible », grince Sévillia. Dans un mini-chapitre intitulé « La complexité d'une époque », que personne ne relève à l'époque, l'écrivain défend la théorie du sacrifice des Juifs étrangers pour sauver les Juifs français : « Sur les 76 000 Juifs qui seront embarqués, 55 000 étaient étrangers, 21 000 français. Cette distinction choque aujourd'hui parce que nous vivons dans un monde dont on voudrait effacer les frontières. Mais la vérité de l'Histoire est que cette distinction était reçue, à l'époque, par les Juifs français eux-mêmes. Quand le cardinal Gerlier, archevêque de Lyon, s'apprête à protester contre l'internement des Juifs étrangers, le président du Consistoire le décourage : “Si nous soulevons cette question, on pourra prendre des mesures analogues contre les Israélites français. Il ne faut pas que le cardinal intervienne.” »

Éric Zemmour entend sortir cette thèse des milieux catholiques traditionalistes et nationalistes dans lesquels elle reste engoncée. Le journaliste écrit, à la manière de Sévillia, que le maréchal Pétain serait parvenu à « sauver les "vieux Israélites français" ». L'argumentation se veut nuancée, pointe les « paradoxes » du pouvoir en place, reconnaît son « antisémitisme », le caractère « inique, infâme, cruel » du statut des Juifs. Le propos central tourne toutefois autour de Paxton, qui aurait discrédité le principe d'assimilation. « Avant même qu'il ne les soustraie à l'Europe en 1997 par le traité d'Amsterdam, l'État français ne tenait plus guère ses frontières face au flot d'immigrés venant du sud, de crainte d'être accusé d'envoyer les "Juifs" dans les camps d'extermination. Il ne pourra plus exiger des nouveaux venus qu'ils donnent des preuves d'assimilation sous peine d'être ramené "aux pires heures de notre Histoire". »

Le 1er juin 2016, Zemmour détaillera avec une grande franchise l'objectif de ce développement. Invité à la synagogue parisienne de la Victoire à débattre de son chapitre, à expliquer pourquoi, malgré les lois antisémites, malgré les discriminations des Juifs, il a choisi de s'attarder longuement sur cet arbitrage comptable entre les Juifs morts et les Juifs rescapés, il répond très frontalement qu'il l'a écrit pour combattre la « gauche bien-pensante », qui aurait utilisé les travaux de Paxton pour comparer toute mesure de préférence nationale à une dérive barbare. « Ce sont eux qui se sont servis de Vichy, qui ont instrumentalisé les morts juifs de 1942 pour empêcher le gouvernement français d'expulser des immigrés venus des pays arabes et africains. Ce n'est pas moi qui ai commencé. Moi, j'ai simplement répondu à cette offensive idéologique depuis les années 1980 », expose le pamphlétaire, tranchant comme un poignard.

Au moment de la sortie de l'ouvrage, en septembre 2014, il paraît évident que ces quelques pages susciteront la polémique, qu'il faudra se montrer nuancé pour que le livre ne passe pas pour une réhabilitation de Pétain. Éric Zemmour refuse pourtant de se préparer plus que ça aux attaques qui pourraient être formulées dans la presse. « Les médias, ça me connaît », balaye-t-il auprès de Lise Boëll, qui s'en inquiète. Le 4 octobre, comme prévu ou presque, Léa Salamé lance les hostilités dans « On n'est pas couché ». Sur le plateau de l'émission qui l'a fait, comme poussé par l'adrénaline de ce duel avec sa successeure, l'auteur oublie les quelques précautions de son ouvrage. « Les Juifs français ont été sauvés à près de 100 %, à 95 % », claironne-t-il. Propos vertigineux. On l'a vu, Zemmour ne peut pas ignorer qu'à Lucien-de-Hirsch, l'école primaire qu'il a fréquentée de huit à onze ans, les directeurs, Alice et Nathan Schentowski, ainsi que onze maîtres et soixante et onze enfants ont été arrêtés et déportés à Auschwitz, respectivement le 2 septembre 1943 puis le 24 juillet 1944. L'immense majorité d'entre eux étaient français, comme le rappelle l'immense plaque commémorative posée devant l'école en 1954. Ce soir-là, le journaliste du *Figaro* n'a pas ce souvenir en tête. Il souhaite faire rendre gorge à la « doxa dominante », qui considère que la déportation d'un seul des Juifs de France est un acte suffisamment impardonnable pour ne pas être sujet à des réévaluations ultérieures. « J'ai voulu montrer qu'on avait oublié la complexité de l'histoire [...]. Pétain a sauvé des Juifs français, oui », maintient-il. Après la diffusion de la séquence, Jacques de Saint-Victor partage son effroi avec l'auteur : « C'est une catastrophe. » À sa grande surprise, Éric Zemmour n'opine pas. Face au scandale qui s'annonce, il affiche au contraire une sérénité olympienne : « Mais non, ça va être formidable. »

CHAPITRE 15

Rock-star chez les « cathos tradi »

Pour se rendre au lieu de rendez-vous, Éric Zemmour a choisi de remonter la rue Athénas, une perpendiculaire à la rue Voltaire, où se trouve la librairie Dobrée, dans le centre de Nantes. Ce 10 décembre 2014, le polémiste y donne une dédicace de son dernier livre, *Le Suicide français*. Itinéraire délicieux, puisque le journaliste peut découvrir, de loin, la longue file d'attente qui serpente sur le trottoir. Une centaine d'admirateurs l'attendent. Sur son passage, chacun se retourne, des dames âgées saluent leur héros, plusieurs cris d'encouragement retentissent. « Bravo, Éric ! » lancent deux hommes aux tempes grises près de l'entrée, en applaudissant. L'ovation se répand immédiatement dans la queue. Cette arrivée ressemble à un triomphe.

Personne, et pas même les caméras de France 2 venues couvrir l'événement, n'a prêté attention au jeune homme en costume qui escorte l'écrivain. À vingt-neuf ans, François-Xavier d'Hautefeuille dirige les éditions Diffusion de la pensée française, mieux connues sous le nom de Chiré. Créée en 1966 par son beau-père Jean Auguy, cette société est considérée par le chercheur Jean-Yves Camus comme « le plus important diffuseur par correspondance d'extrême droite en Europe ». Véritable institution dans les réseaux catholiques traditionalistes, elle revendique une ligne « contre-révolutionnaire », c'est-à-dire opposée à la doctrine des Lumières et aux droits de l'homme, assume d'Hautefeuille. Dans le sillage de Charles Maurras, le fondateur de l'Action française, maître à penser absolu du groupe, Chiré relaye par exemple la thèse d'un complot franc-maçon à l'origine de la Révolution de 1789, sur lequel l'abbé Augustin Barruel a écrit un pavé de mille deux cents pages.

L'éditeur se veut surtout particulièrement friand de signatures obsédées par les Juifs, au point que René Monzat, auteur avec Jean-Yves Camus d'une longue enquête sur les droites nationales et radicales, a vu dans l'entreprise un « trait d'union entre la droite antisémite des années 1930 et la montée du Front national ». Sur son site Internet, on retrouve la plupart des livres de Robert Faurisson, l'universitaire condamné pour négationnisme, ceux de Pierre Pascal, inspecteur général à la radio du gouvernement de Vichy, ou encore, pour 8 euros, « Les Juifs maîtres du monde », un recueil de textes commenté par l'essayiste Léon de Poncins, dont la couverture montre un homme au nez crochu. « Ces textes sont à la fois le plus terrible des réquisitoires et le plus saisissant des aveux », stipule le résumé de l'ouvrage. Chez Chiré, on vend aussi les pamphlets de Kontre Kulture, la maison d'édition d'Alain Soral, condamné pour antisémitisme, ou encore divers ouvrages d'Adolf Hitler, dont *Mein Kampf*, sans notes critiques de bas de pages.

Fin 2013, François-Xavier d'Hautefeuille et Chiré ont racheté la librairie religieuse Dobrée. C'est en maître des lieux autoritaire que l'entrepreneur, au look aussi BCBG que ses idées sont radicales, intime aux fans d'Éric Zemmour, entrés un peu vite dans la boutique, d'attendre patiemment leur tour. « Vous allez reculer un petit peu. Reculez », ordonne-t-il en arrivant. C'est lui qui a lancé les invitations, et la sociologie des lecteurs qui ont répondu présent paraît s'en ressentir. « J'ai huit enfants et vous êtes notre maître à penser », indique une quadragénaire chic, en tendant à l'auteur autant d'exemplaires qu'elle compte de rejetons. « Un véritable lupanar, la France ! On baigne dans la calamité », s'énerve un autre. Le journaliste, tout sourire, signe ses *Suicide français* à tour de bras, entouré d'un garde du corps porteur d'une fleur de lys à la boutonnière. Au mur, des armoiries et des statuettes de la Vierge Marie.

Cette excursion dans une des places fortes de la France « catho tradi » n'a rien d'un hasard. Pour cet opus, son premier livre original depuis son exclusion d'« On n'est pas couché », Éric Zemmour s'est adjoint les services d'une nouvelle attachée de presse, chargée de faire rencontrer un nouveau public à l'auteur. Pas n'importe lequel. Isabelle Muller dispose de puissants réseaux, tout particulièrement chez les catholiques les plus à droite. En 1998, cette fervente croyante aux pommettes saillantes, toujours apprêtée, se fait connaître en coordonnant une pétition de maires contre le Contrat d'union sociale (CUS), l'ancêtre du Pacs. En parallèle, elle exerce des fonctions de vice-présidente de l'Association pour la promotion de la famille (APPF), fondée en 1994 par deux responsables de l'Opus Dei, une organisation rattachée au Vatican, missionnée pour défendre les intérêts de l'Église. Isabelle Muller va devenir la communicante attitrée en France de l'association, connue pour entretenir le secret sur l'identité de certains de ses membres haut placés. Ce poste lui confère le plus grand respect des milieux catholiques intégristes. Désormais, c'est avec déférence qu'on prononce son nom. Dans les années 2000, elle se rapproche naturellement de Philippe de Villiers, le fondateur du Mouvement pour la France, qui en fait sa principale conseillère pour la communication. Le gérant de parc d'attractions la recommandera vivement auprès d'Éric Zemmour : « Prends-la, c'est la meilleure. »

La dédicace de Nantes succède au coup d'essai réussi de Béziers. Ce 16 octobre 2014, Isabelle Muller est la seule à accompagner Éric Zemmour, lors de la première date de sa tournée. Les choses ont été bien faites. Robert Ménard, le nouveau maire de la commune, élu avec le soutien du Front national, a fait placarder le rendez-vous partout dans la ville. « Conférence-débat », indique l'affiche, mais au palais des congrès l'auteur s'exprime comme à un meeting. « La vérité, c'est qu'on organise des transferts de population », assène-t-il devant mille cinq cents supporters chauffés à blanc, avant de partager tout le mal qu'il pense des statistiques de l'immigration : « Il suffit d'aller dans la rue. Vous prenez cent millions d'Africains et vous leur donnez la nationalité française, il n'y aura pas plus d'étrangers qu'en 1930. » La salle jubile, applaudit à tout rompre, au point que l'intéressé se sent obligé de blaguer : « N'applaudissez pas comme ça, on va dire que je fais du populisme… » Saillie qui provoque des éclats de rire entendus.

De nombreuses conférences, sur ce modèle hybride dont Éric Zemmour raffole, mêlant dédicace, exposé et questions-réponses, sont organisées un peu partout sur le territoire. À chaque fois, Isabelle Muller s'en occupe. « J'ai choisi les déplacements en fonction des gens que je connaissais, de mon réseau, des salles », nous confirme-t-elle. Quand on l'interroge sur la venue de l'éditorialiste à la Halle aux Toiles de Rouen, Hubert de Bailliencourt confie, content de son coup : « J'ai appelé Isabelle. » Cet entrepreneur, né en 1950, a été le délégué du Mouvement pour la France en Normandie pendant la campagne présidentielle de 2007. Avec deux amis, il a lancé une association, « Les rencontres du 41 », pour inviter des personnalités à la pensée « en dehors du cadre dominant » dans la ville aux cent clochers. Le 12 mars 2015, à la suite de Philippe de Villiers, quelques mois plus tôt, il accueille le journaliste du *Figaro*, qu'il fait escorter en voiture depuis Paris. « T'as une belle ville », glisse Éric Zemmour au chef d'entreprise, après qu'il l'a promené devant les édifices de ce centre-ville de Rouen qu'il ne connaît pas. Le rendez-vous a été fixé à 20 heures, mais dès 19 heures cent cinquante personnes attendent devant la salle. « On a été plus de cinq cents, record absolu des rencontres du 41 », se souvient Hubert de Bailliencourt. Dans les travées, le militant reconnaît quelques cadres du FN local ou de l'UDF, des commerçants du coin, et même, au fond, une dizaine d'associatifs musulmans. « Ils avaient une réunion religieuse dans une salle adjacente. À la fin de celle-ci, je les ai vus s'installer discrètement », raconte l'organisateur. Les hommes de foi peuvent donc entendre le journaliste affirmer, comme il a pris l'habitude de la faire, qu'« on peut assimiler des gens, mais on n'assimile pas des peuples », rapport à l'immigration venue du Maghreb. Sur la route du retour, le polémiste interroge à n'en plus finir son hôte sur la sociologie de ses lecteurs. Seule l'absence de la presse locale, qui a boudé le débat, lui reste en travers de la gorge.

À Bordeaux, le 5 mai 2015, Éric Zemmour devise devant plus de cinq cents personnes à l'Athénée, le centre de conférences situé à deux pas de l'hôtel de ville. Encore un succès. Malgré une manifestation organisée par le NPA et le syndicat Sud, plus de cent personnes sont restées à la porte, faute de place. Comme une rock-star aux petits soins avec ses fans, le journaliste est allé leur délivrer un message d'amitié sur le parvis, derrière les barrières de sécurité. Personne ne s'interroge sur le sexagénaire au physique de sosie de Claude Guéant qui lui posait des questions sur la scène. Bernard Pascaud dispose pourtant d'une petite notoriété. Certes, pas en tant qu'animateur d'Amitiés françaises, l'association officiellement à l'origine de l'opération, que personne ne connaît dans la région, même si certains ont relevé que son nom évoquait un roman de Maurice Barrès, le député nationaliste et antisémite de la Belle Époque. Ce militant monarchiste est surtout le président de Restauration nationale, un mouvement fondé en 1955 sur les cendres de… l'Action française, le parti de Charles Maurras, royaliste et xénophobe, connu pour avoir fomenté une tentative de coup d'État, le 6 février 1934.

Dans les éditos qu'il publie au sein du périodique de son groupuscule, ce sexagénaire s'inscrit totalement dans les pas de l'écrivain, pourfendeur de la République et du suffrage universel. En témoigne un billet qu'il publie dans le numéro de la revue daté de juillet 2013, intitulé « Un désir de refondation politique est né », dont la conclusion, sur le mouvement féministe des Femen et le régime républicain, se veut sans équivoque : « Nos adversaires ont cru malin de concevoir un timbre où la République a les traits d'une prostituée : la fondatrice des Femen. Comme cela les choses sont claires. Ne l'avons-nous pas, nous-même, toujours appelé la Gueuse pour la propension qu'a ce régime à se vautrer avec n'importe quel parvenu de la politique partisane ? Il ne reste plus qu'à reformuler le souhait de Paul Verlaine : "Qu'on la pende pour voir un peu dinguer en croix / Sa vie horizontale et sa mort verticale !" » Bernard Pascaud admire Éric Zemmour. Dans un entretien au site Infos-Bordeaux, il salue « le triple talent d'analyste, de polémiste et d'écrivain » de l'auteur, note que ses thèses « correspondent à des réflexions et à un ressenti qui restaient informulés ». L'intéressé, lui, regarde ailleurs. Aux journalistes qui l'interrogent sur Amitiés françaises, alors qu'il prend un verre au Mama Shelter, un restaurant voisin, en compagnie de l'élu FN Jacques Colombier, le salarié du *Figaro* assure ne rien savoir. « Demandez à mon attachée de presse », conseille-t-il, avant de communiquer les coordonnées d'Isabelle Muller.

Éric Zemmour sait pourtant faire rosir de plaisir son nouveau public. Dans ses conférences, qu'il anime devant une assemblée toujours plus fournie, il aime à répéter cette phrase qu'il attribue à Chateaubriand : « Vous détruisez le christianisme, vous aurez l'islam. » Lors d'une conférence au Chesnay, dans les Yvelines, le 15 avril 2015, le voilà interrogé par l'abbé Pierre Amar, prêtre du diocèse de Versailles, très actif dans le mouvement de la Manif pour tous. « Il me manque, dans ce que vous dites, une dimension verticale, spirituelle, qu'en pensez-vous ? » demande l'ecclésiastique. Le journaliste opine : « On est passé à l'hostilité absolument délétère au christianisme. On est passé à la négation de la culture chrétienne de la France. Nous avons remplacé une authentique religion et spiritualité de haut vol par un millénarisme post-chrétien droit-de-l'hommiste qui est absolument de bas niveau. Sur ces ruines naît l'anarchie, l'anomie. » La salle n'en finit plus d'applaudir. Ce soir-là, la rencontre est animée par Jean-Marie Le Mené, un militaire devenu magistrat à la Cour des comptes, par ailleurs président de la fondation Jérôme-Lejeune, opposée à l'avortement, et membre de l'Académie pontificale pour la vie, qui dépend du Vatican. Lui aussi est un proche d'Isabelle Muller, qui collabore souvent à la revue de la fondation.

Le Suicide français a de quoi plaire à ces nostalgiques pour qui la France n'est plus vraiment la France depuis que le catholicisme a cédé son statut de religion d'État. On n'y trouve pas d'ode aussi directe à la foi chrétienne mais des clins d'œil que les connaisseurs savent discerner, comme ses mentions de Maurras ou de Joseph de Maistre, un penseur opposé aux droits de l'homme. Et puis cette défense en creux de la politique de Pétain, qui fait plaisir aux plus mélancoliques des catholiques intégristes.

On y lit aussi ce développement sur les années Mitterrand, très apprécié des conservateurs en général, et des tradis en particulier : « Avec l'arrivée de la gauche au pouvoir [...] la famille et la prison seront désormais regardées comme objets identiques de détestation ; leur contestation deviendra vérité officielle. La délinquance en sortira renforcée, démultipliée, décuplée ; et les défenseurs de l'ordre, délégitimés, fragilisés, déconsidérés. » Au fil des pages, Éric Zemmour vitupère contre le « lobby juif », le « lobby gay » ou le « matriarcat », classe la loi Veil autorisant l'avortement parmi les calamités s'étant abattues sur l'Hexagone, non pour des raisons spirituelles mais au nom de la place de la France dans le monde :

ces bébés empêchés, ce sont autant de bras en moins qui auraient pu éviter que le pays soit « déclassé par les géants de demain ». Le souverainisme a rencontré l'anti-progressisme catholique.

Fin 2014, cinq cent mille exemplaires du livre se sont déjà écoulés. Là où Éric Zemmour se produit, il faut systématiquement refuser du monde. À Toulouse, où il donne une conférence le 18 novembre 2014, à l'invitation de l'association Face à Face, fondée par Marie Laffly, la responsable locale de la Manif pour Tous, près de sept cents personnes attendent à l'entrée de la salle Barcelone, qui ne compte que cinq cents places. À l'intérieur, l'auteur tance les recruteurs de football qui ne jurent que par les « grands Noirs baraqués et les petits Arabes malins », évoque le déclin de la France, un pays « proche du totalitarisme ». À la fin, ovation générale, comme d'habitude. Dans le public, les journalistes locaux ont reconnu des responsables du FNJ, de l'UMP, des identitaires et des royalistes. Les exemplaires de l'ouvrage, apportés depuis la librairie catholique « Barque Apôtres », partent par dizaines.

L'écrivain chouchoute ses nouveaux réseaux, même les plus radicaux. Le 27 octobre 2016, il donne une conférence à Bergerac, à l'invitation de Daniel Gery, un ancien cadre du Mouvement national républicain (MNR), le parti de Bruno Mégret, et de Léon-Pierre Durin, qui n'est autre que le secrétaire général de Civitas, un groupuscule catholique traditionaliste, opposé à la démocratie, à l'islam et au mariage homosexuel, publiquement rapproché de l'inceste. « Nous sommes de vrais esprits réactionnaires, en opposition à une République laïque et ennemie, ennemie de la France des clochers et des terroirs », revendiquera le représentant de Civitas, lors d'un discours prononcé en Bretagne, le 19 septembre 2020, avant de se dire « intégriste », « identitaire » et « anti-immigration ». Devant lui et une assemblée de trois cents personnes, Éric Zemmour défend la thèse du

« grand remplacement » : « Nous sommes un pays envahi et colonisé. »

À la sortie de *Destin français*, en 2018, le polémiste reprend la même recette, avec les mêmes acteurs. Il présente son ouvrage au palais des congrès de Pau, le 15 octobre, à l'invitation du Cercle de la Providence, une communauté de fidèles catholiques du diocèse d'Aire et Dax, lequel vient de recevoir l'essayiste ultra-conservateur François Billot de Lochner, militant de l'interdiction des films X, pour un débat consacré au « tsunami pornographique ». Dans ce nouveau livre, un changement de discours sur la religion est d'ailleurs perceptible. Jadis jacobin républicain à la Chevènement-Pasqua, l'éditorialiste met soudain à distance un christianisme moderne « devenu une folle machine à aimer l'Autre » pour mieux clamer son amour du catholicisme traditionnel : « Je ne crois pas en la résurrection du Christ ni dans le dogme de l'Immaculée Conception, mais je suis convaincu qu'on ne peut pas être français sans être profondément imprégné du catholicisme, son culte des images, de la pompe, l'ordre instauré par l'Église, ce mélange subtil de Morale juive, de Raison grecque, et de Loi romaine, mais aussi de l'humilité de ses serviteurs. » Presque une déclaration d'allégeance.

CHAPITRE 16

Mouton noir

«Je vous adresse tout mon mépris». Ce 8 mai 2019, Éric Zemmour éructe. On vient de l'humilier sévèrement, et tout cela pour une affaire de slip de bain. «J'ai dû lui expliquer que son attitude ne correspondait pas aux codes du Cercle de l'Union interalliée», nous raconte Denis de Kergorlay, le président de ce club huppé situé rue du Faubourg-Saint-Honoré, à une minute de l'Élysée. Pendant deux ans, le polémiste a tenté d'intégrer ce saint des saints de la bourgeoisie parisienne, fondé par le maréchal Foch en 1917. Mise en abyme singulière que cette péripétie balzacienne, pendant laquelle Zemmour a pu se glisser dans les pas de son héros Rubempré tentant d'entrer au Cénacle, comme dans la deuxième partie des *Illusions perdues*. En mai 2017, il fait acte de candidature de la façon la plus humble qui soit, sans solliciter son président, ni les principales figures du club comme les grands patrons Serge Weinberg (ex-PDG de Sanofi), Laurent Burelle (président de l'AFEP, le lobby des grandes entreprises) ou Augustin de Romanet (patron d'Aéroports de Paris).

Le jury qui l'auditionne est emballé, mais Denis de Kergorlay souhaite mettre à l'épreuve l'impétrant. Il lui propose de donner une conférence dans les locaux de l'Interalliée, une prestation qui ouvre droit à six mois d'accès aux installations du club, ses magnifiques salons du XVIIe siècle, avec bibliothèque de quinze mille livres, moulures, plafond haut et tableaux de maître, son superbe jardin à la française, mais aussi ses équipements sportifs. Éric Zemmour adorerait en bénéficier. Depuis quelques années, il a pris l'habitude de nager tous les matins. La piscine couverte du complexe, refaite en 2010 et équipée de saunas, de jacuzzis ainsi que de hammams, fait se pâmer le Tout-Paris. Surtout, elle se trouve à huit minutes à pied de son domicile. Le rêve. Le journaliste tope pour la conférence, qui doit être consacrée aux six premiers mois de la présidence Macron.

En octobre, le plus joli salon du Cercle affiche complet pour l'écouter discourir sur Emmanuel Macron « nouveau Louis-Philippe ». Analyse provocatrice dans un lieu qui accueille de nombreux aristos. Il enchaîne sur ses thèmes préférés, évoque l'alliance des « gagnants de la mondialisation » contre le vrai peuple, le règne de « l'économisme » et du « droit-de-l'hommisme ». Éric Zemmour écorne même Giscard – jadis candidat malheureux à la présidence de l'Interalliée, comme le savent les initiés –, qualifié dans cet exposé critique de « proto-macroniste ». Sur le moment, le laïus suscite des applaudissements nourris.

La riposte des détracteurs se produit quelques semaines plus tard, alors que le journaliste se rend déjà tous les jours à la piscine – en costume-cravate, selon la règle des lieux. L'annonce de l'adhésion imminente du polémiste, tapissée sur les murs des vestiaires de la piscine et au bar, comme le veut le règlement, suscite une première fronde. Charles-Henri Filippi, l'ex-patron de HSBC France, désormais associé-gérant chez Lazard, accompagné d'un grand diplomate en exercice, démarche Denis de Kergorlay pour faire annuler la procédure. « Il n'a pas l'esprit Interalliée », soutiennent-ils. Les deux parrains de l'éditorialiste, introducteurs statutaires sans qui aucune candidature n'est possible, se rétractent.

S'ouvre alors une période de méli-mélo typique du monde si feutré des clubs parisiens. Le président décide de temporiser. Il a pris en sympathie le salarié du *Figaro*, qu'il croise plusieurs fois par semaine dans les locaux du club. Ne fait-il pas partie, après tout, des intellectuels français en vue ? Il le laisse dépasser le stade des six mois sans rien dire. Kergorlay lui cherche en parallèle deux nouveaux parrains, à trouver parmi les adhérents qui apprécient l'œuvre du journaliste. Renaud Girard, le chroniqueur géopolitique du *Figaro*, et Alexandre Orlov, l'ex-ambassadeur de Russie en France, acceptent la mission. Le premier par amitié pour son collègue, le second parce qu'il partage largement la vision de la France de l'essayiste. Seulement, entre-temps, Éric Zemmour s'est mal comporté. Un adhérent s'est plaint de ses exposés politiques dans les vestiaires. Pendant que tel ou tel haut fonctionnaire se relaxe, il débat à voix haute, n'hésite pas à invectiver ses interlocuteurs comme on le ferait sur un plateau de télévision. « Éric Zemmour a fait du prosélytisme dans les vestiaires, un membre du club s'est plaint », nous confirme Denis de Kergorlay.

Depuis sa prise de pouvoir, en 2009, le patron des lieux n'a jamais été confronté à un tel cas de figure. Il se replonge dans le règlement intérieur. « Lors d'échanges, le Cercle permet l'expression des opinions dans le respect mutuel et avec l'interdiction de tout prosélytisme contraire à la neutralité. Dès lors, toute manifestation et *a fortiori* toute propagande à objet politique, racial ou religieux non conforme à ce principe de neutralité est strictement prohibée dans l'enceinte du Cercle », dispose son article 3. Quant aux statuts de l'association, ils prévoient le respect des « règles de bienséance », c'est-à-dire de conduite sociale en accord avec les usages. Kergorlay retrouve enfin cette phrase du comte Marc de Beaumont, fondateur du club, dont il se souvenait vaguement : « Son action bienfaisante permettra de contribuer, d'une façon modeste, mais efficace, à augmenter la cohésion entre les peuples. » Cette fois, plus de doute possible, Zemmour n'a pas sa place, conclut le président du Cercle de l'Union interalliée : « Cette phrase de Marc de Beaumont et cette notion presque désuète de bienséance m'ont donné la réponse. Éric Zemmour ne pouvait pas être membre de l'Interalliée.» Il envoie un SMS à l'intéressé pour lui faire part de la décision définitive du club, confirmée par un comité de direction. L'accès à la piscine devra naturellement lui être retiré. Zemmour répond immédiatement, furieux: «Je ne suis pas déçu mais écœuré. Je n'ai jamais eu l'intention de transformer le Cercle Interallié en foire d'empoigne. J'ai toujours été discret et réservé dans les locaux du Cercle. Je considère que vous êtes le premier responsable de cet échec» explose-t-il. S'ensuit un développement menaçant empli d'une rage froide. «Quant à mes adversaires, ils incarnent exactement ce que disait le général de Gaulle à Peyrefitte sur la bourgeoisie qui avait choisi Vichy: «Pour pouvoir continuer d'aller dans leurs dîners en ville, ils sont prêts à tout même à sacrifier la patrie». Je vous autorise à leur transmettre mon jugement. En vous disant ce que j'ai sur le cœur, je vous rends le service insigne de croire que vous avez eu bien raison d'écarter un excité. Sachez que vos délibérations soit disant dignes sont empreintes d'une lâcheté et d'un aveuglement qui vous feront honte dans quelques années». Et cette conclusion, donc, comme un soufflet: «Je vous adresse tout mon mépris».

Avec le recul, Kergorlay, propriétaire d'un château en Normandie, pense avoir réveillé une blessure pas tout à fait guérie chez le journaliste: «Ce qui l'intéressait à titre principal, c'étaient les équipements sportifs, mais pas seulement. Il y avait quelque chose de plus symbolique derrière.»

Cette éconduite heurte intimement Zemmour, sans doute lui évoque-t-elle ce sentiment de ne pas avoir le droit d'en être. Malgré sa culture encylopédique, ces étés à lire tout Taine, tout Saint-Simon, ces soirées à potasser les mémoires des grands hommes, à apprendre par cœur leurs dialogues, à restituer leurs meilleurs mots, on ne reconnaît pas ses mérites. Il en revient toujours à son échec originel, cette École nationale d'administration qu'il a échoué à intégrer. « Il considère qu'il avait largement le niveau mais qu'il a échoué à l'oral car il n'était pas dans les codes. Au fond, il pense qu'il a un peu été victime d'un délit de sale gueule : le petit juif de Montreuil... », analyse Hugues Dewavrin, qui en a souvent discuté avec lui. Cela n'apparaît jamais dans ses analyses politiques, seulement dans ses réactions instinctives. Le polémiste prend alors quelque chose de Chantal Mouffe, cette essayiste belge qui a théorisé le populisme comme un antagonisme entre un « eux » et un « nous », une opposition entre « ceux d'en bas » et « ceux d'en haut ». Dans les années 2000, lorsque Jean-Christophe Cambadélis lui conte ses stratégies pour propulser Dominique Strauss-Kahn à l'Élysée, Zemmour s'étouffe : « Qu'est-ce que tu fous avec DSK ? Ces gens ne te reconnaîtront jamais. » En privé, François Hollande trouve une comparaison inattendue : « Il y a un côté Mélenchon chez lui. Ce sont des "Petit Chose", on les sous-estime, on reconnaît leurs talents, mais les premiers rôles, on pense que ce n'est pas pour eux. Zemmour, c'est un journaliste qu'on savait talentueux, mais on ne le prenait pas vraiment au sérieux. » « Dray, Mélenchon, moi : il est fasciné par nos itinéraires, comment nous sommes passés d'engagements révolutionnaires à l'establishment », estime Jean-Christophe Cambadélis.

Zemmour aime les idéologues parvenus, mais aussi les énarques. Il cherche leur approbation, comme s'il repassait, encore et toujours, son concours raté. Depuis plus de vingt ans, il entretient par exemple une correspondance suivie avec François Gouyette, l'ambassadeur de France en Algérie. « Au début, il était très révérencieux, se souvient Paul-Marie Coûteaux, lauréat de la promotion 1982 de la grande école. Ça a bien changé depuis ! » Le préfet Pierre Monzani, énarque de la promotion 1992, a remarqué que, derrière leurs débats endiablés, une sourde compétition se jouait parfois dans l'esprit de son ami : « J'ai souvent senti qu'il rêverait de me prendre en défaut, par exemple sur un point historique. » À l'inverse, les grands bourgeois, avec leur assurance de bien-nés sûrs de leur entregent, l'intimident. Manuel Carcassonne se souvient du visage blême du journaliste, en 1994, lorsqu'il se rend compte que le chalet du XVIIIe siècle, à Fribourg, en Suisse, où son éditeur l'a invité pour travailler sur son premier livre est celui de ses beaux-parents, Jean et Françoise d'Ormesson. En découvrant les photos dans la chambre à coucher, Zemmour commence à se racornir. Dans les couloirs, il croise la réalisatrice et actrice Anne Fontaine, la belle-sœur de Carcassonne, qu'il observe, interdit. Au dîner, la maîtresse de maison, fille de l'industriel Ferdinand Béghin, ex-PDG de la multinationale du sucre Béghin-Say, lui conte, au détour de la conversation et sur le ton le plus naturel qui soit, ses rencontres avec les hauts dignitaires de ce monde. « Ma belle-mère lui fait : "Pompidou est venu, Giscard m'a dit ceci." Et là, je vois Éric se ratatiner encore plus. Les yeux lui sortent de la tête au fur et à mesure. Il était hagard », restitue Manuel Carcassonne.

Étonnante réaction de défense, au fond, pour cet ambitieux qui se rêve l'égal des plus grands. Comme s'il ne s'était pas senti encore tout à fait à sa place ce jour-là, dans l'antre de ces patriciens archétypaux des élites françaises. Ce vertige ne l'a plus saisi si souvent, ensuite. Avec la réussite, il s'est mis à mener lui-même un train de grand bourgeois. « Il aime s'entourer d'esprits brillants, cultivés, il aime aussi les beaux endroits, les établissements prestigieux qui ont une histoire dans notre Histoire, comme certains grands hôtels. Les discussions banales, légères ne l'intéressent pas du tout. », estime Lise Boëll. Au Jockey Club, ce cercle fermé du VIIIe arrondissement de Paris réservé aux nobles, où il est invité un soir de novembre 2018, ses convives découvrent, effarés par tant d'impudence, avec quel naturel il monopolise la parole pendant tout le dîner. En 2006, il avait eu une attitude analogue – ne laissant personne d'autre s'exprimer de toute le repas – à Bercy, où la ministre du Commerce extérieur Christine Lagarde l'avait invité en compagnie d'un aréopage d'intellos, parmi lesquels Arlette Chabot, Richard Descoings ou Alain de La Morandais. La membre du gouvernement avait soupiré: «Il est brillant, mais presque insupportable.» Pas sûr que l'appréciation déplaise à Éric Zemmour, ravi dès lors qu'on reconnaît ses aptitudes intellectuelles. «Il est très sûr de ses convictions, de sa plume, de son travail, confirme Olivier Pardo. Les seules fois où il a un peu le trac, c'est quand il doit affronter Juppé ou Fabius. Là, il travaille un peu plus.» Reste qu'il continue de laisser échapper quelques traces de complexe social, que ses amis aperçoivent ici et là, lorsqu'il débat avec une personnalité qu'il estime, comme Régis Debray, Michel Onfray ou Henri Guaino. «Vous le verrez dans une sorte de bonheur béat d'entendre un intellectuel qu'il admire soutenir avec intelligence son propos», constate Olivier Pardo.

Zemmour aime à se présenter en intellectuel. Cela impressionne plus que polémiste, même s'il ne conteste pas le terme, qu'il tente de rattacher à la tradition française des «publicistes», ces éditorialistes engagés de la IIIe République, façon Zola, Rochefort ou Drumont. Patrice Carmouze se souvient d'une soirée passée avec lui à la sortie de *Destin français*, son essai de 2018. «Il voulait être reconnu comme un historien», témoigne l'ex-animateur télé. Durant tout le repas, devant des interlocuteurs qui n'ont pas lu le livre, il répète: «J'ai été chercher aux sources!» Cet ouvrage, qui retrace l'histoire de France sur mille ans, le journaliste l'a voulu élitiste, difficile d'accès, quitte à vendre moins, comme une carte de visite à destination des milieux académiques. «Je veux faire un livre qui fait référence», a-t-il annoncé à Lise Boëll. D'où une discussion forcément animée avec Barbara Lefebvre, une professeure d'histoire qui collabore à *Destin français*. Lors d'un déjeuner au restaurant, celle-ci tente de lui faire entendre que sa légitimité n'équivaut pas à celle d'un universitaire : « Je ne veux pas te le dire brutalement mais tu n'es pas un historien. Tu es un intellectuel, si tu veux. » L'intéressé réagit mal : « Pas du tout, pas du tout. J'ai fait un travail d'historien. »

Quand on lui demande lui-même de se définir, Zemmour se dit « journaliste et écrivain », et pas d'un petit niveau. Il l'explique à Victoire Beutter l'étudiante en master d'information-communication à l'université Panthéon-Assas, venue l'interroger, le 24 janvier 2019, pour son mémoire consacré à « La construction du rôle de polémiste : Éric Zemmour, héros et héraut des néo-réactionnaires » : « J'ai une carte de journaliste, pour commencer, deuxièmement, je suis un écrivain. [...] Pour moi c'est la chose la plus noble qui soit au monde ! Un écrivain français, cela veut dire être dans la succession de Chateaubriand, Balzac, Barrès, vous voyez ? Voltaire, Rousseau, Victor Hugo : essayer de mettre ses petits pas dans la trace des géants. » Dans les années 1990 et 2000, pour se faire sa place, il a publié des livres en rafale, dans tous les genres possibles, biographie informée, essai, roman. Comme cet ouvrage sur la vie de Ferdinand Lassalle, ce Juif prussien de la classe moyenne devenu rival de Marx et héraut du socialisme allemand, qui a tant marqué son ami Jean-Paul Mulot, aujourd'hui conseiller de Xavier Bertrand. « Il a rêvé d'être Lassalle », imagine l'ancien rédacteur en chef du *Quotidien de Paris*.

À l'instar de Lassalle, resté dans la mémoire collective comme le challenger malheureux de Marx, Zemmour a l'éternel sentiment de ne pas être reconnu à sa bonne mesure. De rester pour toujours le mouton noir du microcosme parisien. Sur ce point, il n'a pas complètement tort. Ses outrances lui valent l'hostilité d'une partie de l'intelligentsia. Comme un symbole, l'inspecteur des finances Patrick Careil, qui lui a conseillé de tenter l'ENA, à la fin des années 1970, l'exécute de quelques mots lorsqu'on cite son nom : « Si je devais corriger, sous forme d'une dissertation à l'épreuve de culture générale, sous forme de grand oral type Sciences Po ou ENA, une de ses interventions, je lui mettrais très largement en dessous de la moyenne. »

Quand l'essayiste évoque Pétain, le général Bugeaud ou les mineurs isolés, des historiens s'empressent de rédiger des tribunes dans la presse pour contredire ses propos. Dans toutes les rédactions où ils passent et même au *Figaro*, où les instances représentatives l'ont longtemps soutenu, les sociétés de rédacteurs publient des communiqués pour se plaindre de ses foucades. À son grand dam, il n'a d'ailleurs jamais pu obtenir un éditorial dans son propre journal, dont il a au contraire failli être viré. En 2014, sa sortie dans le *Corriere della serra* – il s'interroge à haute voix sur la crédibilité du scénario d'une expulsion de l'ensemble des musulmans – lui vaut d'être licencié d'I-Télé, cette fois pour de vrai. Chez Albin Michel, le succès du *Suicide français* a suscité une lettre ouverte hostile lancée par Jean Mouttapa, éditeur spécialisé dans le dialogue interreligieux. À RTL, la marginalisation prend, dans les dernières années, une dimension physique. Lors des petits déjeuners de la rédaction, ces rendez-vous informels qui rassemblent l'invité de l'interview de la matinale et une demi-douzaine des principaux chefs de service, aux alentours de 8 heures, la discussion s'arrête net lorsqu'il vient prendre un croissant, après sa chronique.

En octobre 2018, il est décommandé d'« On n'est pas couché », après sa polémique chez Thierry Ardisson sur le prénom d'Hapsatou Sy. Delphine Ernotte, la patronne de France Télévisions, le décrète *persona non grata* sur les antennes du groupe. Une interdiction qui ne prendra fin qu'en septembre 2021, au moment de la sortie de *La France n'a pas dit son dernier mot*. Sur Radio Classique, son arrivée comme éditorialiste du jeudi, en janvier 2019, provoque le départ de Maurice Szafran. «Je dispose d'une liberté: me retirer d'une radio où Zemmour est appelé à jouer un rôle majeur, ne serait-ce qu'en raison de ses prochains et inéluctables "dérapages"», écrit le fondateur de *Marianne* dans *Le Nouveau Magazine littéraire* du 28 février. Le groupe LVMH, propriétaire de la radio, est très mécontent de la polémique. Bernard Arnault craint le dérapage et ne veut pas risquer de mettre en péril sa collaboration avec Virgil Abloh, le styliste star de la marque Louis Vuitton, dont les parents sont originaires du Ghana. Zemmour est viré, encore une fois.

Éric Zemmour pourrait la jouer «sport», lui qui a prospéré pendant des années sur la dénonciation de la «bien-pensance» et du «politiquement correct». Cette hostilité n'a finalement rien que de très logique: en désignant ses ennemis, il s'est attiré leur riposte. Mais il ne digère pas. Comme s'il tirait aigreur, au fond, de cette impossibilité de séduire la bonne société. Il ne s'en cache pas totalement, d'ailleurs. Quand nous l'interrogeons sur le sujet, il jauge l'hypothèse et finit par répondre: «C'est un peu vrai. J'aurais aimé être un auteur Gallimard». Auto-analyse intéressante, qui permet de dater l'émergence de son ressentiment au début des années 1980. Les associations qui lui intentent un procès, les chercheurs qui contestent ses déclarations, les journalistes des autres médias, le milieu de l'édition, les artistes: à mesure que les attaques deviennent plus violentes, ceux en qui ils voyaient jadis des adversaires de valeur deviennent peu à peu des ennemis irréductibles. Il s'identifie de plus en plus fortement à cette droite dure qui l'a soutenu au plus fort de la tempête. Malgré ses zigzags stratégiques, un Patrick Buisson conserve ainsi toute son amitié. «Il m'a défendu auprès de Sarko», explique Éric Zemmour à ses amis. À chacun, il répète: «Je sais ce que je vous dois.» Reconnaissance du ventre.

CHAPITRE 17

Radicalisé

Pierre Monzani n'a plus revu Éric Zemmour depuis un repas de la fin de l'année 2019. Ce jour-là, les deux amis déjeunent à la Rotonde, près de Montparnasse, comme ils en ont l'habitude environ trois fois par an. Alors que le préfet, qui est agrégé d'histoire et dont l'épouse est juive, lui fait le reproche de ses propos tenus sur Pétain, le journaliste se raidit. « Tu es le complice du politiquement correct !, explose-t-il. Si on n'arrive pas à déconstruire ça, on n'arrivera à rien. » Pour la première fois de sa vie, peut-être, le haut fonctionnaire, ex-directeur de cabinet de Charles Pasqua, témoin à décharge en faveur d'Éric Zemmour lors de son procès pour incitation à la haine raciale, en 2011, se voit renvoyer dans le camp des « bisounours », comme l'éditorialiste aime à qualifier ces interlocuteurs qui lui expliquent qu'il exagère. « Il a pris un peu le melon », estime alors Pierre Monzani. En réalité, depuis cette affaire sur Vichy, l'intéressé ne supporte plus ces précautions, ces concessions qu'on lui intime d'exprimer lorsqu'il argumente. Avec la même colère, il a rabroué Olivier Rubinstein, qui s'indignait lors d'un repas à son retour en France, en 2016, de l'analyse de son compagnon de route, en prenant l'exemple de sa famille déportée : « Tu fais du Paxton. » Ecoeuré, Rubinstein, qui lui a envoyé un long email de reproches sur son chapitre, ne lui parle guère plus depuis.

Dix ans plus tôt, le polémiste n'aurait pas assumé ce ton cassant, surtout auprès d'amis. En mars 2008, à l'anniversaire des quatre-vingts ans de Philippe Tesson, au restaurant italien San Francisco, dans le XVIe arrondissement de Paris, Sandrine Briclot, son ancienne camarade, le saisit à un moment où il se trouve seul, sur le bord du trottoir : « Qu'est-ce qui se passe, Éric ? Ce discours... Tu ne disais pas ça avant. » Instant de relâche ou réflexe diplomatique ? Zemmour ne s'effarouche pas. Il paraît soudain presque triste. C'est mon gagne-pain, c'est comme ça que je gagne ma vie, répond-il en substance à la journaliste, dans un murmure qui ne lui ressemblera bientôt plus.

Après les procès, les manifestations, les pétitions contre, mais aussi les succès, les dédicaces, les pétitions pour, l'éditorialiste n'a plus le moindre remords. Les politiques qui le croisent, comme Xavier Bertrand, sont surpris de le découvrir flatté d'être arrêté dans la rue, aux anges après un encouragement à ne « pas lâcher ». Fini les rêves de conquérir Saint-Germain-des-Prés, fini les complexes vis-à-vis des intellectuels reconnus par l'Académie. Avec les scandales, les années d'exposition médiatique, Zemmour a compris les règles du jeu. Chercher la polémique, toujours, courber l'échine, jamais. Laurent Ruquier résume : « Il a vu que ça marchait, et donc il a dit des choses qu'il n'osait pas dire avant. » Dès 2010, le polémiste avait compris l'intérêt d'apparaître en empêcheur de « bien penser » en rond. Lorsqu'il se rend compte que le livre de son collègue du *Figaro* Bruno Jeudy, *Sarkozy côté vestiaires*, coécrit avec Karim Nedjari, comporte un passage sur les buffets halal de l'équipe de France de football, ce dont son confrère n'a pas parlé pendant la promotion de l'ouvrage, il l'éreinte, affligé : « Tu ne sais pas vendre les bouquins. » Depuis, le pamphlétaire a encore aiguisé ses méthodes. Il travaille toujours autant sur ses livres, ses chroniques, mais avec des œillères de plus en plus serrées.

« Il recherche des choses qui vont renforcer sa pensée arrêtée », constate son ancien collaborateur Jacques de Saint-Victor. Souvent, les deux amis s'étripent. « Tu es un idéologue, pas un intellectuel, balance le professeur d'histoire du droit au journaliste. – Et toi, tu es un intellectuel frustré », riposte le chroniqueur.

Sur le fond, Zemmour se durcit. Certains de ses collègues estiment que c'est au contact de la pensée royaliste ou « catho tradi » de certains pontes du *Figaro*, comme Jean Sévillia ou Michel de Jaeghere, le directeur de la rédaction du *Figaro Histoire*, vice-président de Renaissance catholique, un groupe proche des lefebvristes de la Fraternité Saint-Pie-X. L'éditorialiste a participé à plusieurs de leurs fêtes du livre, organisées annuellement à Villepreux, dans les Yvelines. Il y a même animé des conférences, en 2014 et 2016. Lui assure avoir pour seuls mentors intellectuels Debray, Chevènement, Braudel, Bainville ou Taine. Pas aux mêmes étapes de sa vie. Geoffroy Lejeune, qui partage l'essentiel de ses constats, perçoit son évolution : « Quand je l'ai connu, il était très républicain, aujourd'hui beaucoup moins. » Jean-Yves Le Gallou, le proche parmi les proches de Bruno Mégret, confirme : « Il a basculé de la souveraineté à l'identité, en dominante. » François Hollande, Jean-Christophe Cambadélis, Muriel Beyer, Stéphane Bern, nombre de ceux qui l'ont suivi au fil des ans ont le même mot. « Radicalisé », disent-ils.

L'analyse ne plaît pas à Éric Zemmour. Lorsque nous le questionnons à la terrasse du Lutetia, en septembre 2021, sur son basculement, à notre sens, d'une idéologie « républicaine-souverainiste » à des idées « identitaires », il se crispe, secoue la tête : « Ça, c'est l'idée à la mode dans les milieux républicains autoproclamés. La vérité, c'est que je suis toujours resté le même, pour l'assimilation. Ce sont les autres qui ont bougé. » Reste à bien comprendre ce que l'essayiste met derrière le principe d'assimilation, et comment sa plume a évolué sur ces sujets. Ses proches se souviennent de l'avoir toujours entendu s'étouffer en privé. À la fin des années 1990, Jacques de Saint-Victor, l'ami critique du *Figaro*, ne prenait pas vraiment au sérieux ses sorties, qu'il considérait comme une poussée de franchouillardise façon *Dupont Lajoie*. Zemmour lui ressassait la même histoire : « Mon père parle arabe, il les connaît bien, il joue avec eux. Moi, je les connais de l'intérieur. Avec les Arabes, si on est trop ouvert, ils se croiront tout permis, alors que si on réaffirme les valeurs républicaines d'assimilation, ça se passera bien. » Vingt ans plus tard, l'éditorialiste tient non seulement toujours ce discours sur les travers intrinsèques de la culture arabo-musulmane, mais il le clame micro ouvert, et le pousse de plus en plus loin. Dès octobre 2014, Éric Zemmour assène auprès du *Corriere della Serra* que « cette situation d'un peuple dans le peuple, des musulmans dans le peuple français, nous conduira au chaos et à la guerre civile ». Les attentats de 2015 servent d'agent chimique d'un nouveau basculement, après celui du *Suicide français*. Éric Zemmour y voit la confirmation de sa prophétie de malheur. Il raccroche instantanément les faits à la politique menée depuis quarante ans sur l'immigration, la tolérance et l'État de droit.

Dès le 8 janvier 2015, au lendemain du massacre de *Charlie Hebdo*, il annonce, dans sa chronique sur RTL : « Le 7 janvier 2015 est notre 11 Septembre. Le jour où la guerre est revenue. » Et de mentionner Wolinski, Cabu, Maris, qui « incarnaient une génération, celle du baby-boom », où « on s'interdisait d'interdire, de stigmatiser, de discriminer, d'amalgamer », où l'on ne voyait plus « la guerre des religions ou des civilisations ». Pour un peu, on pourrait presque entendre dans sa conclusion une forme de jubilation triste : « Depuis quarante ans, on s'obstinait à ne pas fermer cette parenthèse enchantée. Quitte à prendre tous les risques, à entretenir toutes les illusions, à refuser tous les avertissements, à brûler tous les prophètes de malheur. Encore une minute, monsieur le bourreau, suppliait l'époque, à la manière de la du Barry. Le bourreau a frappé.» Cinq jours plus tard, la «marche républicaine» qui a réuni trois millions sept cent mille personnes dans les rues de France lui inspire le même dédain: «Notre histoire regorge de ces moments magnifiques de communion, où les arrière-pensées, le cynisme, les calculs sont dissimulés derrière le masque des grands élans et des grands sentiments.» Éric Zemmour y perçoit un pastiche de la Fête de la Fédération du 14 juillet 1790, rappelle: «Trois ans après, c'était la Terreur et on guillotinait le roi. Le pire n'est pas toujours sûr. Il est seulement fréquent.»

En février 2011, sur Télé-Québec, l'essayiste expliquait encore que «l'islam doit s'adapter, doit devenir français, comme les autres religions l'ont fait». Cinq ans plus tard, c'est fini. Pendant dix-huit mois, après les attentats, Zemmour affine un nouveau discours, plus sombre, plus violent. Le 9 septembre 2016, sur RTL, il traite Nicolas Domenach de «complice des futurs talibans de la France», une autre fois de «collabo». Trois jours plus tôt, sur le plateau de «C à Vous», sur France 5, le pamphlétaire a proposé une lecture apocalyptique de la pratique de l'islam en France: «Les soldats du djihad sont considérés par tous les musulmans, qu'ils le disent ou qu'ils ne le disent pas, comme des bons musulmans.» En conséquence, le polémiste estime qu'«il faut leur donner le choix entre l'islam et la France» : « S'ils sont français, ils doivent, et c'est compliqué parce que l'islam ne s'y prête pas, je reconnais, ils doivent se détacher de ce qu'est leur religion.» Pour ses déclarations lors de cette émission, l'éditorialiste sera définitivement condamné à 3 000 euros d'amende pour provocation à la haine raciale, en septembre 2019.

Éric Zemmour était venu présenter son ouvrage *Un quinquennat pour rien*. Cet essai, un recueil de ses chroniques à RTL, comporte un premier chapitre inédit, qui passera relativement inaperçu auprès de la critique. Intitulé « La France au défi de l'islam », il contient des propos d'une virulence inouïe contre la religion musulmane. À lire l'essayiste, l'adversaire du peuple français ne se nomme pas islam politique, islamisme, djihadisme ou radicalisme islamique. Non, il s'agit de l'islam, point. « Nous devons reforger dans l'adversité un peuple français. Et désigner l'ennemi : l'islam », écrit-il. La haine de la France est consubstantielle à cette religion, tout bonnement : « Pour l'islam, la France est un bloc. Un bloc à rejeter dans les flammes de l'enfer. […] L'islam est incompatible avec la laïcité, avec la démocratie, avec la République laïque. L'islam est incompatible avec la France. » S'en réclamer, c'est entrer dans un ordre politique et civilisationnel dont le principe repose sur la destruction de la Nation française, soutient encore Zemmour : « L'islam est à la fois une religion, une nation, une loi et une civilisation. » Quiconque embrasse cette foi embrasse tous ces attributs, considère le pamphlétaire. Il ne peut en être autrement.

Un an après les attentats de *Charlie Hebdo* du 13 novembre, deux mois après le massacre de Nice, cette analyse a de quoi faire peur. D'autant qu'au long des quarante-quatre pages fiévreuses que compte ce chapitre, Zemmour raconte une France en passe d'être confisquée par les adeptes de Mahomet, voire les djihadistes. Sans donner la moindre source, il décrit une ville de Saint-Denis où, le jour de l'assaut du RAID contre Abdelhamid Abaaoud et ses complices, le 18 novembre 2015, les habitants se révèlent pro-terroristes : « Pendant ce long affrontement, nos forces durent essuyer invectives et menaces d'une population qui prenait fait et cause pour leurs adversaires. » Les zones d'éducation prioritaire (ZEP), c'est-à-dire les quartiers où l'échec scolaire est important, sont renommées « zones sous l'emprise du Prophète ». D'ailleurs, l'auteur décrit ces endroits comme remplis d'enfants hostiles à l'enseignement de Flaubert ou d'une partie du Moyen Âge, au nom de leur foi : « Les nombreux enfants musulmans qui, dans les ZEP, rejettent avec violence l'enseignement de Voltaire, de Madame Bovary, des croisades ou de la Shoah sont instinctivement cohérents avec leur histoire, leur passé, leur culture. » Dans la même veine, il affirme aussi que « dans d'innombrables enclaves banlieusardes, les habitants peuvent proclamer avec fierté : "La France, c'est l'Algérie" ». Ou encore : « Le musulman est un homme politique qui s'ignore. » Ou bien : « La prétendue "déradicalisation" des djihadistes est donc une entreprise grotesque puisqu'il faudrait les désislamiser. »

Au Lutetia, nous lui demandons ce que, lui président, il ferait des musulmans. Il nous répond du tac au tac : « Si les musulmans se contentent de suivre leur foi, ils peuvent être français. S'ils suivent un système politico-civilisationnel, non. » Ce raisonnement figure déjà, dans les grandes lignes, à l'intérieur d'*Un quinquennat pour rien*. Le polémiste s'y montre pessimiste sur les capacités des fidèles à intégrer le modèle français : « Il ne peut exister d'islam modéré, même s'il peut exister des musulmans modérés. Mais ils sont rarement modérément musulmans. Ou alors, ils s'éloignent de l'islam car ils le transforment en une religion du privé, une simple spiritualité, anhistorique et apolitique. Ce que Napoléon avait exigé et obtenu du judaïsme. Ce que l'islam n'a jamais été dans son histoire. » Sa conclusion, chiffres de provenance inconnue à l'appui, a de quoi faire frémir le brave citoyen : « Et ce que rejettent avec véhémence 99 % des musulmans. »

Éric Zemmour estime donc que l'islam est l'ennemi mortel contre lequel la France doit « combattre », que les musulmans peuvent théoriquement s'intégrer, sauf 99 % d'entre eux. Qu'en conclure sur ce qu'il faut faire, alors ? « Les musulmans devront choisir entre l'islam et la France », avance l'essayiste, à l'unisson de son propos sur France 5. Dans son esprit, les prénoms non français, mais aussi le voile dans l'espace public, doivent être interdits. Il s'arrête là, pour l'instant. Mais son opus comporte un certain nombre de pistes encore plus radicales. « L'erreur funeste des années 1980, sous la houlette des associations antiracistes, fut de débrancher, au nom des droits de l'homme, le lien entre assimilation et nationalité. Nous devons le rebrancher », expose-t-il. De quelle façon ? Zemmour ne dit pas s'il compte déchoir de leur nationalité les ressortissants pas assez assimilés, ce que le port d'un voile ou l'attribution d'un prénom coranique peut suffire à caractériser à son sens. Le polémiste compare en revanche les hommes politiques pas assez critiques de l'islam aux « pacifistes » des années 1930. Il faut comprendre que la guerre n'est pas loin. D'ailleurs, l'auteur évoque cette possibilité sans complexe particulier : « L'état-major de l'armée sait qu'un jour viendra où il devra reconquérir ces terres devenues étrangères sur notre propre sol. » Autre hypothèse considérée très sérieusement, la dictature, si le rapport de force numérique devient trop défavorable : « Si demain, il y avait 20, 30 millions de Français bien décidés à voiler leurs femmes et à appliquer les lois de la charia, on ne pourrait préserver les lois minimales de la laïcité que par la dictature. »

Dans les années qui suivent, le salarié du *Figaro* répétera souvent que la France sera « un pays à moitié islamique » en « 2050 ». Inaudible quelques années auparavant, ce discours suscite un intérêt nouveau. Il en est ainsi à l'Institut de formation politique (IFP), l'organisme de formation idéologique lancé en 2004 par trois entrepreneurs conservateurs, emblématique du renouveau de la pensée de droite. Sur les mille deux cents à mille huit cents auditeurs que l'organisation accueille chaque année, le nombre d'étudiants identitaires flambe brusquement. « Le courant identitaire explose en 2015 avec les attentats et la question migratoire », constate Alexandre Pesey, le directeur de l'établissement.

Tout à sa nouvelle radicalité, Éric Zemmour commet pourtant, dans un premier temps, une erreur. Dans un entretien à *Causeur*, début octobre 2016, il se laisse emporter. L'essayiste explique qu'il « ne méprise pas » les « djihadistes » : « Je respecte des gens prêts à mourir pour ce en quoi ils croient – ce dont nous ne sommes plus capables. » Dans son système de pensée, quoi de plus logique ? Puisque Zemmour estime que la France doit mener une guerre à l'islam, en riposte aux terroristes, il peut difficilement disqualifier leur démarche. La sortie, cependant, n'est pas comprise. Les ventes du recueil s'arrêtent net, Albin Michel reçoit des retours de cartons des libraires. « Là, je me suis dit : "Il est mal", témoigne son copain Hugues Dewavrin, qui se demande alors si la saillie ne va pas provoquer la marginalisation du polémiste. Mais, comme souvent, il s'en est sorti, il est passé au travers des gouttes. Il a eu beaucoup de chance. Car au fond ce coup de chapeau aux terroristes était quand même le sommet du paradoxe zemmourien ». Comme à chaque fois, la polémique se tasse, Éric Zemmour reprend son rôle comme avant. Aujourd'hui, « quand on demande aux étudiants de l'IFP leur source d'inspiration, révèle Alexandre Pesey, Zemmour est le nom qui revient le plus ».

CHAPITRE 18

« Juif assimilé »

Samedi 5 novembre 2011, shabbat à la synagogue Vauquelin, à Paris. Roger Zemmour n'en croit pas ses oreilles. « Ce n'est pas possible. Éric n'a pas pu dire ça. » Il ajoute : « S'il a dit ça, je vais l'engueuler. » Trois jours plus tôt, son fils, Éric Zemmour, a fait sa chronique sur RTL, comme tous les matins. Celle-ci portait sur le vote de la France en faveur de l'adhésion de la Palestine à l'Unesco. Au détour d'une phrase, puis d'une autre, il évoque, pour parler d'Israël, « Tel-Aviv ». Procédé journalistique banal que de remplacer le nom du pays par sa capitale, afin d'éviter les répétitions. Sauf qu'en l'occurrence, choisir cette ville a une connotation très spécifique. Israël se reconnaît comme capitale Jérusalem, le Premier ministre et toutes les institutions y siègent depuis l'indépendance, le Parlement aussi. Si la France, officiellement, n'a pas reconnu les frontières retenues par l'État hébreu et a installé son ambassade à Tel-Aviv, les officiels évitent généralement de préciser les choses. Parler de « Tel-Aviv » plutôt que de « Jérusalem » est en effet perçu comme une déclaration d'hostilité par les Israéliens et leurs soutiens. Par ce mot, Éric Zemmour rompt avec le sionisme de son père, et choque certains fidèles de sa synagogue.

Celui qui a placé l'identité au cœur de sa pensée s'est fabriqué la sienne de façon singulière. Comme ses parents, il pratique le rite juif. « Éric est très traditionaliste, il fait le shabbat, ses enfants ont célébré leur bar-mitsva», décrit Olivier Pardo. Le vendredi soir, il fait la prière de shabbat avec son épouse et ses enfants, lit un passage de la Torah en début de repas. Ce jour-là, l'émission de CNews est enregistrée à l'avance. La plupart du temps, il ne répond pas non plus aux SMS le vendredi à la nuit tombée, car il respecte l'interdit de l'utilisation des appareils électroniques. «Shabbat shalom», lui envoie immanquablement Isabelle Balkany, qui ne pratique pas. Chez lui, il existe deux jeux de vaisselles, deux éviers, afin que le lait et la viande ne se mélangent jamais, conformément aux préceptes du Livre saint. Éric Zemmour porte la barbe en cas de deuil, raconte avoir Moïse comme prénom à la synagogue. Le samedi, jusqu'au décès de son père, en 2013, il le rejoint régulièrement rue Vauquelin. Lors de son enterrement, à la synagogue Berith Chalom, celle de la communauté algéroise, rue Saint-Lazare, Éric insistera pour que tous les rituels traditionnels soient bien respectés.

Dans le même temps, Éric ne manifeste aucun attachement à Israël. «Ce pays ne m'évoque rien», avance-t-il auprès d'Olivier Rubinstein, conseiller culturel à l'ambassade de France à Tel-Aviv, de 2011 à 2016. Cette distance s'avère d'autant plus saisissante que dans son collège-lycée Yabné, on a porté en étendard le drapeau d'Israël pendant la guerre du Kippour, en 1973. À la maison, Roger s'extasie régulièrement des performances de Tsahal, l'armée nationale. une partie de la famille a effectué son *alyah*, l'immigration dans l'État juif. Lui n'y va jamais. Quand son épouse, Mylène Chichportich, se rend en vacances à Tel-Aviv, au milieu des années 2010, il ne l'accompagne pas.

Dans *Destin français*, l'essayiste cible la «guerre des Six Jours», en 1967, comme un tournant dans l'intégration des Juifs français: «Les écoles juives rangeaient peu à peu au placard leur patriotisme français pour devenir les relais du militantisme sioniste en France.» Pas Éric Zemmour, tombé dans la marmite de Napoléon et des

Rois maudits, la saga de l'ORTF adaptée de l'œuvre de Maurice Druon, en 1972. Chez lui, en revanche, les menées contre l'État d'Israël ébranlent largement les certitudes, comme il le raconte : « Au fil des années, ma famille, comme beaucoup de familles juives, se divisa entre ceux qui, revenant à une application rigoriste des préceptes de la Torah, avaient la tête à Jérusalem ou Tel-Aviv, et ceux qui restaient les deux pieds à Paris sur la terre de France. » On devine de quel côté se place l'auteur. Il boucle ce passage en citant Raymond Aron dans *Le Spectateur engagé* : « Les Juifs ont la liberté de se choisir juifs dans la diaspora. Ils peuvent se choisir juifs en Israël. Mais s'ils se choisissent juifs en France et citoyens français, alors ils doivent respecter que leur patrie soit la France et non pas Israël. » Éric Zemmour conclut : « Cette position est demeurée évidente pour moi. » Parmi ses camarades de lycée, à Yabné, environ la moitié de la promotion a tiré les mêmes conséquences puisqu'ils ont choisi d'aller vivre dans l'État hébreu. Une petite dizaine habitent le même quartier résidentiel de Jérusalem. Le soir, à 19 heures, leur télé est branchée sur CNews. Des cousines d'Éric Zemmour elles-mêmes résident en Israël, et son frère Jean-Luc y a séjourné six mois au milieu des années 2000.

L'éditorialiste a mis un peu de temps à ajuster son propre positionnement identitaire. À son arrivée à Sciences Po, il porte une étoile de David autour du cou, l'hymne israélien retentit à l'anniversaire de ses vingt ans, qu'il organise avec plusieurs de ses cousins. Puis, à mesure qu'il prend son indépendance, qu'il découvre le Tout-Paris, son équilibre se fige. Juif dans le privé, français avant tout en public. « C'est un Israélite. Il n'a renoncé à rien de son judaïsme, dans une logique d'avant-guerre, avec une volonté assimilationniste très forte », relève Olivier Pardo. Ce qualificatif désigne notamment les Juifs arrivés en métropole avant la Seconde Guerre mondiale, largement sécularisés. On l'a vu, Lucette Lévy, la mère d'Éric

Zemmour, l'utilisait pour inviter ses deux fils à se considérer d'abord comme des Français.

« Il n'a jamais rien revendiqué ! » nous précise Olivier Pardo. Effectivement, l'essayiste ne se réclame jamais de sa foi, ni de ses origines en débat. En réalité, si, ça lui arrive. Pour montrer qu'il sait se départir de l'allégeance à son sang. Le 23 octobre 2020, sur CNews, à la question « C'est quoi, être français ? », il répond : « Moi, on ne m'a pas parlé quand j'étais enfant en tant que descendant de Juifs d'Algérie, on m'a parlé en tant que Français. Napoléon n'était pas juif d'Algérie, Louis XIV n'était pas juif d'Algérie, et moi je me sens proche de ces gens-là [...]. Voit-on l'histoire en fonction des intérêts de la France, ou voit-on l'histoire en fonction des intérêts de sa communauté d'origine ? Moi j'estime que quand on vit en France et qu'on est français on doit changer son point de vue. » Ce principe d'assimilation raide, l'éditorialiste le soutient de longue date. Et volontiers avec des personnalités dans lesquelles il pourrait se refléter. Bien avant le temps des tempêtes médiatiques, il apostrophe Enrico Macias, un soir de mai 2006, dans « Vendredi pétantes », l'émission de Stéphane Bern sur Canal +. L'artiste est né en Algérie, comme la famille de Zemmour. Lui aussi a dû partir en raison de la guerre, lui aussi se dit "juif berbère". Cela n'empêche pas le journaliste de lui faire la leçon. Peut-être est-il nécessaire « d'abandonner ses origines » de « pied-noir, juif arabe » pour s'intégrer, suggère-t-il au chanteur. Gêne sur le plateau.

Un jour, au début des années 2010, Michel Gurfinkiel, ex-rédacteur en chef de *Valeurs actuelles* et élu au Consistoire de France, prononce un discours de shabbat à la synagogue Vauquelin. En lisant un passage de la Torah, le journaliste avance que la communauté juive, parfois, se fourvoie sur l'hospitalité des sociétés dans lesquelles elle tente de s'intégrer. À la fin, Éric Zemmour quitte son père un instant pour interpeller son confrère : « Je suis en désaccord total avec ce que tu dis. La France n'a rien à se reprocher sur l'accueil des Juifs. Je me sens parfaitement Français. » Nulle double allégeance dans son for intérieur, la France et rien d'autre.

Quand, lors d'une réunion, Antoine Diers, le porte-parole de l'association Les Amis d'Éric Zemmour, questionne la possibilité d'utiliser, en débat, le fait que les parents du polémiste étaient algériens, l'intéressé cingle, froid : « Mes parents étaient français. » Gare d'ailleurs à celui qui fait le lien entre ses options idéologiques et ses origines. Lors de l'anniversaire des quatre-vingt-dix ans de Philippe Tesson, au siège des éditions L'Avant-scène théâtre, en mars 2018, le producteur Jean-Louis Remilleux s'y essaye, en évoquant le départ d'Algérie de ses parents : « Tu as vécu un événement traumatisant, le grand remplacement, tu l'as connu, en quelque sorte, tu fais donc d'un fait particulier une thèse générale. » Éric Zemmour balaye d'un œil noirci : « Ça n'a rien à voir ! »

À chaque fois, le polémiste fulmine de la même façon, vitupère contre la « psychanalyse de bazar ». Mais peut-on vraiment éluder cet élément de l'équation Zemmour ? Dès avant *Destin français*, l'idéologue a fait de la judéité un motif récurrent de son œuvre. « J'ai tué le juif, Allah me bénisse », clame Yazid, l'antihéros de son roman *Petit Frère*, largement inspiré du meurtre du disc-jockey Sébastien Selam, issu d'un quartier populaire et originaire d'Afrique du Nord, comme l'auteur. Le « dandy rouge », Ferdinand Lassalle, auquel il consacre son premier roman, en 1999, est un Juif prussien qui change son nom en l'honneur d'un révolutionnaire français de 1793, puis fonde le premier parti socialiste d'Europe. « Tu n'es plus vraiment un Juif ! Tu es un renégat ! Un goy ! Quand tu as modifié ton nom, j'aurais déjà dû deviner et te l'interdire », lui reproche son père. Jean-Paul Mulot, son grand copain devenu conseiller de Xavier Bertrand, invite à relire ce livre pour percer les mystères zemmouriens : « Pour son premier roman, il choisit ce type entre deux mondes, un Juif de la classe moyenne qui perce dans le grand monde. C'est très frappant. À mon avis, c'est peut-être son livre le plus honnête.»

Il faut bien noter aussi qu'une des controverses les plus violentes provoquées par Éric Zemmour porte sur les rapports entre les Juifs et la France. «Les Juifs français ont été sauvés à près de 100%, à 95%», affirme-t-il, on l'a vu, sur France 2, le 4 octobre 2014. Éric Zemmour ne peut ignorer que sa démonstration à l'emporte-pièce occulte une partie de la réalité, qu'il y a eu à la fois des Juifs français et des Juifs étrangers déportés sous Pétain. Le polémiste met à distance ces destins pour réexaminer, sur des bases purement comptables, la responsabilité de l'administration Pétain. «C'est compliqué», plaide-t-il auprès de Laurent Ruquier. Une seule fois, au cours d'une interview sur RMC, au micro de Jean-Jacques Bourdin, neuf jours plus tard, il paraîtra un instant embarrassé par son raisonnement: «En France, il n'y a eu que... si j'ose dire, c'est horrible de dire ça, chaque homme tué est une horreur... Il n'y a eu que 25% des Juifs exterminés.»

Cette croisade fait exulter cette France traditionaliste qui n'a jamais digéré le déshonneur jeté sur les valeurs conservatrices portées par la révolution nationale de Pétain. Éric Zemmour donne un écho inespéré à ses thèses. Quand la conversation devient plus privée, plusieurs vieux loups de la droite dure reconnaissent avec un rictus qu'Éric Zemmour présente le profil idéal pour populariser leurs combats. Certains l'affirment un peu plus fort que les autres. Le financier Charles Gave, par exemple. Pas le genre à se laisser intimider par un bobo moralisateur. Avec sa spontanéité et sa voix de stentor, il reconnaît: «Comme il est juif, on ne peut pas l'accuser d'être nazi.» Bien qu'Éric Zemmour mette peu cet aspect en avant, le regard des autres se pose immanquablement sur sa construction intime. Quoi qu'il dise, qu'il éreinte l'islam et l'immigration ou qu'il défende Pétain, le voilà renvoyé à son identité initiale de Juif.

Éric Zemmour lui-même se montre ambivalent à cet égard. Lorsque nous l'interrogeons sur sa construction idéologique, il dit « nous », pour parler des Juifs de France. Le 1er juin 2016, au contraire, il évoque les Juifs avec le regard d'un camelot du roi de la Troisième République. Ce jour-là, il est invité à la synagogue de la Victoire, à Paris, pour débattre de son chapitre sur Vichy avec Gilles Bernheim, le grand rabbin de France.

La discussion roule sur l'état de la société en 1940. « À l'époque, on estime que les Juifs ont pris trop de pouvoir, qu'ils ont trop de puissance, qu'ils dominent excessivement l'économie, les médias, la culture française, comme d'ailleurs en Allemagne et en Europe », énumère-t-il. Il ajoute : « Et d'ailleurs c'est en partie vrai. » Petit bout de phrase qui dénote de l'ampleur de l'évolution idéologique d'Éric Zemmour. Tout en refusant d'être individuellement réduit à sa condition de Juif, il valide « en partie » l'analyse pétainiste. Rarement une personnalité de son envergure aura poussé aussi loin le principe d'assimilation. Il y a une autre explication, plus politique. Tout à son projet d'écraser la gauche multiculturaliste, Zemmour veut réconcilier la droite gaulliste avec les descendants de la droite pétainiste, ces milieux catholiques « tradi » qui commencent à s'affirmer de nouveau, après avoir fait profil bas pendant les années Chirac. Pour réussir cette grande synthèse, pour rendre possible l'émergence d'un programme musclé sur l'immigration et l'identité, l'essayiste estime nécessaire d'en finir avec le déshonneur qu'inspirent les années Vichy. Dédiaboliser le pétainisme d'hier pour favoriser la droite dure de demain : qui d'autre que lui aurait pu y penser ?

CHAPITRE 19

La tentation politique

Longtemps, Éric Zemmour a dit non. « Pas pour moi, je suis plus utile dans ce que je fais. » Telle était la réponse type qu'il livrait à ses amis qui rêvaient de le voir s'engager en politique. Une des premières fois qu'il a tenu ce discours, c'était lors d'un déjeuner avec Jean-Yves Le Gallou, l'ancien député européen FN, théoricien de la préférence nationale et de la remigration, début 2009. Ce proche de Bruno Mégret lui suggère alors de se présenter aux élections européennes de juin, traditionnellement favorables aux souverainistes. Refus.

« Là où je suis, je peux dire des choses que toi tu ne peux pas dire », oppose Zemmour. La ritournelle revient cinq ans plus tard. Nicolas Dupont-Aignan joue les tentateurs, le Front national aussi. Le polémiste n'est plus au faîte de sa popularité, il a été bouté hors de France 2 et doit se contenter de sa chronique sur RTL, en plus de son poste au *Figaro*. La proposition mérite donc réflexion. Il demande un petit délai. En réalité, l'interrogation ne dure pas bien longtemps. Le journaliste projette de frapper très fort avec son ouvrage en cours d'écriture, le futur *Suicide français*. Aucun intérêt à brouiller sa carrière d'essayiste avec une candidature, surtout au sein d'un parti dont la proximité provoque un bannissement social automatique.

Est-ce son charisme d'éminence noire ? Intervient-il au moment opportun ? Le credo d'Éric Zemmour s'érode lorsque Patrick

Buisson se persuade de le faire s'engager en politique. L'ancien conseiller occulte de Nicolas Sarkozy maîtrise l'art du conditionnement. Il s'est concerté à l'avance avec Philippe de Villiers. Début 2015, lors de leur déjeuner mensuel à trois à la Rotonde, dans le quartier de Montparnasse, ils le flattent pour le convaincre de se présenter à l'élection présidentielle de 2017. « Il y a un espace pour toi », répètent-ils. L'intéressé sort de ce déjeuner un peu chamboulé. Le Parlement européen ne l'a jamais fait rêver, mais l'Élysée, un peu plus... Il en parle à Olivier Rubinstein : « On me propose de m'engager en politique, t'en penses quoi ? »

Devant l'embarras d'Éric Zemmour, le duo Buisson-Villiers décide d'organiser une opération de grande ampleur. Le Vendéen parle de la scène du restaurant à Geoffroy Lejeune, le chef du service politique de *Valeurs actuelles*. Le journaliste trouve l'idée géniale, même s'il perçoit qu'elle relève plus du fantasme que d'une réelle option. Plutôt que d'en faire un simple article dans son journal, il se lance dans la rédaction d'un livre-fiction sur une candidature Zemmour. Une intuition presciente, qui inquiète, sur le moment, l'éditorialiste. « Ce n'est pas sérieux et ça va me mettre dans la merde », blêmit-il, quand son jeune confrère lui annonce son projet, au détour d'un café en bas du *Figaro*.

Malgré ces réticences, Lejeune s'immerge dans la vie et l'œuvre de son aîné. *Une élection ordinaire*, le récit de la victoire surprise d'Éric Zemmour à la présidentielle, plaît finalement à l'intéressé. « Bravo, ça m'a beaucoup plu, je me suis bien marré », lui envoie-t-il par SMS, en septembre 2015, après que le jeune homme lui a apporté son ouvrage, imprimé sur des feuilles A4, un soir à son journal. Pour accompagner la sortie de l'essai, et selon une recette éprouvée par Patrick Buisson, *Valeurs actuelles* publie un sondage qui examine, pour de vrai, les chances du polémiste en 2017. Le résultat s'avère décevant : seuls 12 % des Français « seraient prêts » à voter pour lui, dans l'absolu. Preuve que la mayonnaise n'a pas pris, l'hebdomadaire a renoncé à tester l'hypothèse Zemmour lors d'un premier tour de présidentielle. Pendant quelques semaines, Philippe de Villiers s'entête encore un peu. En décembre 2015, il croise Jean-Christophe Cambadélis sur le plateau de l'émission « Zemmour et Naulleau ». Alors que le journaliste est à l'antenne, le vicomte bluffe le premier secrétaire du Parti socialiste : « Zemmour va y aller, il me l'a dit. » Raté. Quelques semaines plus tard, il annonce à ses amis de la Rotonde qu'il ne donnera pas suite.

Pour autant, le journaliste continue à faire fantasmer les têtes de pont de l'extrême droite. L'année suivante, en 2016, Bruno Mégret lui présente une offre originale. L'ex-numéro deux du FN propose à Éric Zemmour de fonder et de prendre la codirection de comités citoyens qui s'érigeraient en groupes de pression, un peu partout sur le territoire. Le polémiste partagerait le pouvoir avec un cadre de la droite parlementaire, restant à trouver, et avec Mégret lui-même, qui en profiterait pour faire son grand retour en politique. Zemmour décline poliment.

Car c'est une autre petite graine qui s'est plantée dans son esprit, et n'en sortira plus. Et si c'était lui ? La petite phrase se fait plus ou moins entêtante selon les performances de Marine Le Pen, qu'Éric Zemmour n'a jamais vraiment estimée. Il voit dans la présidente du Front national une nature certes sympathique, mais aux lettres bien trop insuffisantes pour diriger un pays comme la France. Le polémiste aimait mieux discuter avec son père car « il a lu des livres, contrairement à sa fille », nous glisse-t-il, railleur. Sa campagne présidentielle de 2017 le hérisse. La stratégie de la « dédiabolisation », qui impose d'éviter les propos tapageurs sur l'islam et même sur l'immigration, c'est tout ce qu'il déteste. « Tous ses réflexes sont de gauche… » éructe-t-il. La prestation de la députée européenne au débat d'entre-deux-tours achève de le consterner. Le voilà qui, de déjeuners en cafés avec les notables de l'extrême droite, se fait le militant du « tout sauf Marine ».

« On s'est mouillés pour elle et elle nous a mis la honte », fait-il valoir au député Sébastien Chenu, alors qu'il n'a jamais officiellement soutenu la candidate.

Cette mauvaise humeur perdure jusqu'en novembre 2018, lorsque se profilent les investitures pour les élections européennes de mai. Chenu et Philippe Olivier, conseiller spécial de Marine Le Pen, invitent Zemmour à déjeuner, dans un restaurant proche de la porte Maillot. Le repas est censé célébrer le rabibochage entre les deux parties. Dès la première allusion d'Olivier, l'éditorialiste met les pieds dans le plat : « Je sais que tu vas me reprocher plein de choses, mais moi aussi j'ai plein de choses à vous reprocher. » Ambiance. Les trois hommes se parlent franchement. La stratégie de dédiabolisation, les habitus de gauche, tout y passe. Qu'importe leurs désaccords, il faut se réconcilier dans l'intérêt de la France, tentent d'argumenter les deux cadres du Rassemblement national. Ils lui proposent clairement de rejoindre leur liste au prochain scrutin. Cette fois, Éric Zemmour paraît vraiment intéressé : « À quelle place ? » Olivier et Chenu évoquent la première mais se gardent de donner une réponse claire.

Petite vengeance ou préférence pour un proche ? Marine Le Pen l'invite à déjeuner le 18 décembre pour lui proposer de vive voix... la troisième place, derrière Jordan Bardella et Hélène Laporte. Zemmour refuse, vexé de passer derrière un jeune homme de vingt-trois ans. Il s'en ouvre à Sébastien Chenu : « Tu comprends, je n'allais pas me ranger derrière Jordan Bardella. » Avec la présidente du Rassemblement national, l'entente demeure compliquée. « Éric a du mal à reconnaître une forme d'autorité à Marine. Il y a un peu de sexisme derrière tout ça », estime Sébastien Chenu. Au même moment, le journaliste rejette une proposition analogue de Nicolas Dupont-Aignan. Dans le petit monde de ce qu'on appelle la droite française « hors les murs », les mêmes scènes se rejouent souvent, avec parfois les mêmes acteurs dans des rôles différents.

Cette fois, le président de Debout la France s'est – éphémèrement – rapproché de Patrick Buisson. Pendant trois mois, le sondeur va se démener pour monter une liste concurrente de celle du Rassemblement national, avec l'objectif de s'approcher des scores à plus de 10 % de Villiers ou Pasqua dans les années 1990. Avec l'aide de Paul-Marie Coûteaux, il imagine un attelage mêlant souverainistes historiques, prises de guerre à la droite parlementaire… et Zemmour. Dans le scénario Buisson, Nicolas Dupont-Aignan figure en première position devant l'ex-secrétaire d'État sarkozyste Jeannette Bougrab – qui a donné un premier accord de principe –, Zemmour est numéro trois. Jean-Frédéric Poisson, le président du Parti chrétien-démocrate, prend la cinquième place. Cette fois encore, l'éditorialiste consulte autour de lui, autant par réelle hésitation que pour signaler qu'il suscite le désir. Après avoir longuement tergiversé, il décline, encore une fois. Tout le plan prend l'eau.

Dans le plus grand secret, Éric Zemmour a pris en considération une troisième offre, moins réaliste mais plus gratifiante. En janvier 2019, le banquier d'affaires Sébastien Cochard, alors haut cadre de la Banque centrale européenne, l'invite à déjeuner, en compagnie d'un ami, associé d'une grande banque d'affaires et ancien conseiller ministériel, sous Nicolas Sarkozy. Les deux financiers sont membres des Arvernes, un réseau de hauts fonctionnaires ou d'anciens hauts fonctionnaires de droite. Pour que l'entrevue demeure discrète, les agapes ont lieu au Travellers Club, un club privé près des Champs-Élysées. Le consultant Arnaud Stéphan, ex-assistant parlementaire de Marion Maréchal-Le Pen, a été convié pour le café, afin de livrer son expertise de la vie politique française. Il connaît Cochard depuis plusieurs années car celui-ci a été un éphémère candidat du FN aux élections législatives, en 2017, dans la circonscription des Français de Russie et d'Asie. Le banquier dévoile son plan : qu'Éric Zemmour se présente comme tête de liste aux élections européennes, charge à ses réseaux à lui, Cochard, de financer la campagne, forcément éclair vu les délais et l'absence de structure préexistante. Le plan paraît un peu fou, mais le journaliste est flatté d'être enfin considéré comme la tête de gondole, et non comme le talentueux faire-valoir d'un tiers leader. Cochard n'est en outre pas n'importe qui : ce polytechnicien a été un haut cadre de BNP Paribas, diplomate pour la Direction du Trésor de Bercy. Il dispose de connexions importantes dans ces milieux. Autour de la table, la rêverie collective dure quelques minutes et il faut tout le pragmatisme d'Arnaud Stéphan pour ramener tout le monde à la raison : « Vous faites comment, en si peu de temps ? Pour la logistique, l'imprimeur ? » Personne n'a la réponse. À la fin du déjeuner, le songe semble se dissiper aussi vite qu'il est apparu. Mais le journaliste s'est découvert une envie d'en découdre résolue.

Désormais, Éric Zemmour ne dit plus non. Mieux, même si on ne lui demande rien… il dit oui. En mai 2019, quand un de ses amis lui présente son plan pour faire émerger Marion Maréchal-Le Pen en vue de la présidentielle de 2022, il est sidéré d'entendre le journaliste lui répondre : « Moi, j'ai plus de chances qu'elle ! » Zemmour estime la petite-fille de Jean-Marie Le Pen, il apprécie sa curiosité et son attrait pour les idées, qui s'avèrent très proches des siennes. Pas au point de passer derrière une jeune femme de même pas trente ans sans la moindre œuvre écrite, ce qu'il considère comme son plus grand point faible. Le grand barnum de la Convention de la droite se construit dans cette équivoque-là. À la manœuvre, il y a Sarah Knafo, devenue la plus proche conseillère du polémiste, François de Voyer, un ancien candidat du FN aux législatives, premier soutien de Marion Maréchal, et Erik Tegnér, le jeune militant partisan de l'union des droites, ami des deux. Les trois larrons rêvent de réunir leurs deux mentors sur la même scène, au cours d'un événement qui donnerait naissance à une nouvelle droite conservatrice. Tout va se passer comme prévu, ou presque. Le magazine *L'Incorrect* et son directeur de la rédaction Jacques de Guillebon s'associent à l'opération. Le 31 mai 2019, Éric Zemmour et Marion Maréchal se retrouvent chez Sarah Knafo, à Saint-Germain-des-Prés, en présence de Voyer, Tegnér, et du conjoint de l'ex-députée, l'Italien Vincenzo Sofo, un cadre de la Ligue du Nord, le parti de Matteo Salvini. Ils s'accordent sur une présence commune au grand raout, inspiré de la Conservative Political Action Conference, la réunion politique annuelle de la branche conservatrice du Parti républicain américain. Toutes les sensibilités de la droite qui ne se retrouvent ni dans Les Républicains ni dans Marine Le Pen sont invitées.

Le 28 septembre, près de deux mille sympathisants se pressent à la Palmeraie, dans le XVe arrondissement de Paris. Les rôles semblent bien répartis. Éric Zemmour ouvrira la journée avant une intervention de Marion Maréchal, façon clou du spectacle. Seulement, au dernier moment, LCI s'en mêle. La chaîne du groupe TF1 se propose de diffuser en direct l'intervention du salarié du *Figaro*. Difficile pour les organisateurs de refuser. Hormis Sarah Knafo, chacun ignore ce que va dire le journaliste à la tribune. Il est 14 h 20 lorsqu'il entame son discours. Le propos se veut plus apocalyptique et violent que jamais. « Les caïds et leurs bandes s'allient à l'imam pour faire régner l'ordre dans la rue et dans les consciences selon la vieille alliance du sabre et du goupillon : en l'occurrence la kalach et la djellaba » assène-t-il, malgré sa voix enrouée. Pour la première fois, il se permet d'esquisser un conseil politique. Celui-ci s'avère rudimentaire. C'est un appel au combat : « Les jeunes Français vont-ils accepter de vivre en minorité sur la terre de leurs ancêtres ? Si oui, ils méritent leur colonisation. Si non, ils devront se battre pour leur libération. » Dans les coulisses, Knafo et Tegnér jubilent. Les autres comprennent instantanément l'effet de souffle qui va s'abattre sur cette journée. Une fois encore, tout va tourner autour de Zemmour.

CHAPITRE 20

Le prince de Bolloré

Gérard Longuet a quatre enfants avec la sœur de l'ancienne épouse de Vincent Bolloré. Il a été son beau-frère pendant plus de quinze ans. « Ça reste un ami », nous indique le sénateur de la Meuse. Il faut donc croire l'ex-ministre de la Défense quand il nous explique que le recrutement d'Éric Zemmour à CNews répond aux opinions politiques de la quatorzième fortune de France : « Cela correspond assez bien à ce qu'il pense aujourd'hui. » Longtemps décrit comme un démocrate-chrétien européen, le magnat breton a beaucoup évolué ces dernières années, nous assure l'expérimenté parlementaire : « Vincent était certainement beaucoup plus libéral modéré il y a vingt ans. Il reste libéral mais inquiet sur la société française. L'inquiétude qu'exprime Éric, Vincent la partage totalement. » Le raidissement global de la société française sur l'immigration et l'identité touche aussi les grands patrons. Vincent Bolloré est allé au bout de ses idées en relançant Éric Zemmour. Il en a fait la flèche de sa cathédrale médiatique, le prince de son empire. Les deux hommes échangent « presque tous les jours » et se voient environ une fois par mois, nous apprend le polémiste, en septembre 2021.

Fin septembre 2019. Éric Zemmour vient d'être condamné pour provocation à la haine religieuse pour ses propos de 2016 sur France 5. Quelques jours plus tôt, il a aussi prononcé un discours virulent sur « l'extermination de l'homme blanc hétérosexuel » à la Convention de la droite, au sujet duquel le parquet de Paris s'apprête à ouvrir une enquête. Le 25 septembre 2020, il sera condamné pour « injure et provocation à la haine » en première instance, puis relaxé en appel, le 8 septembre 2021. Convoqué par Vincent Bolloré dans ses locaux des Champs-Élysées, le chroniqueur du *Figaro* s'attend à ce que, comme on le lit dans plusieurs articles, le premier actionnaire de Vivendi annule la proposition qu'il lui a fait miroiter lors de leur premier déjeuner en privé, le 26 juin. Il s'agit d'une émission quotidienne à 19 heures sur CNews, un débat d'une demi-heure avec trois autres éditorialistes, avant un tête-à-tête face à un contradicteur, différent tous les soirs. Zemmour a privilégié cette option sur un débat hebdomadaire face à Alain Duhamel sur BFM TV, ou une émission sur LCI le dimanche. « Alors, c'est vrai ce qu'on lit dans la presse ? Votre bras droit ne veut plus de moi ? » s'enquiert le journaliste. Vincent Bolloré lui répond de son ironie froide : « Je ne savais pas que j'avais un bras droit. » Le contrat tient. Une vieille technique commerciale de l'entrepreneur, qui n'aime rien tant qu'acheter à la baisse, les produits comme les hommes, savent les connaisseurs du Breton. Rien de tel pour susciter des fidélités. Le polémiste lui en conserve effectivement une reconnaissance éternelle : « Je l'appelle le roc. Il ne m'a jamais lâché, depuis le début », nous raconte-t-il. Seule concession aux mécontentements internes à CNews, le programme commencera deux semaines plus tard que prévu, le 14 octobre.

En réalité, Vincent Bolloré rêve de voir Éric Zemmour sur sa chaîne depuis bien plus longtemps. Pendant la grande grève d'I-Télé, entre le 17 octobre et le 16 novembre 2016, les contestataires ont la surprise d'entendre Maxime Saada, président du directoire du groupe Canal +, et Stéphane Roussel, membre du directoire de Vivendi, venu rassurer les salariés sur la relance du média, évoquer la possible arrivée prochaine du journaliste du *Figaro*. «Ils voulaient tester notre réaction», se souvient un participant à la réunion. À l'époque, la rédaction s'y oppose, fait valoir l'enquête lancée par le parquet de Paris pour «apologie du terrorisme», après ses propos sur les «djihadistes» dignes de «respect». «Ah, je ne savais pas, dans ce cas-là, ce n'est pas possible», réagit Roussel. Mais ce n'est pas lui qui décide. Depuis le licenciement d'Éric Zemmour d'I-Télé, en décembre 2014, pour ses propos sur l'hypothèse de l'expulsion des musulmans et «l'histoire surprenante», Bolloré fulmine. «T'as viré Zemmour sans même m'en parler», reproche-t-il à cette période à Rodolphe Belmer, le patron de Canal +, bien qu'il ne joue alors aucun rôle opérationnel dans l'entreprise. En le faisant revenir, le magnat déroge à une tradition ancestrale, moyen de rétorsion habituel des sociétés capitalistes, qui veut qu'un ancien salarié qui a attaqué le groupe aux prudhommes – et gagné : en novembre 2016, Éric Zemmour obtient 58 000 euros de dommages-intérêts pour licenciement abusif – ne revienne pas. «Vous pouvez faire six mois de grève, Zemmour viendra», a prévenu Serge Nedjar, le directeur de la rédaction, en interne.

Le chroniqueur est accueilli froidement. La rédaction de CNews l'ignore, il est obligé de se rendre sur le plateau depuis le parking, en raison de manifestations hostiles à l'entrée. Pour autant, dès les premières émissions de «Face à l'info», le nom du nouveau programme, il prend toute la lumière. La présentatrice Christine Kelly comme les éditorialistes à ses côtés accompagnent sa prose. Il n'y a qu'au moment du face-à-face qu'une voix discordante se fait réellement entendre. La formule plaît : en un mois, la case horaire passe de quatre-vingt mille téléspectateurs à plus de deux cent soixante-dix mille. Elle devient instantanément la plus vue de CNews. La direction du groupe a de quoi être satisfaite, les débuts correspondent parfaitement aux objectifs de la chaîne. « L'audience, c'est la priorité », a expliqué Gérald-Brice Viret, le directeur général des antennes du groupe Canal +, lors du comité social et économique (CSE) du 17 octobre 2019. Dans *Le Parisien*, le 3 novembre, il a précisé la nouvelle promesse éditoriale du média : « Avec quatre chaînes d'info, il faut absolument un positionnement, nous voulons être une chaîne d'opinions. »

De l'audience par les opinions, Éric Zemmour sait faire. Mais pas sans quelques déclarations tapageuses. Dès le premier jour, face à l'essayiste Mohamed Sifaoui, il qualifie l'islam d'« organisation totalitaire », le voile de la femme aperçue au Conseil régional de Bourgogne-Franche-Comté d'exemple d'un « comportement de colonisateur qui impose son mode de vie aux Français ». Le lendemain, le 15 octobre, il assure qu'une famille est obligatoirement constituée d'« un père, une mère et des enfants » : « Tout le reste, c'est des fausses familles. » Le 23 octobre, pour étayer un de ses développements sur l'assimilation, il affirme se situer « du côté du général Bugeaud », un des plus hauts militaires de la monarchie de Juillet, chargé, à partir de 1836, d'écraser des révoltes algériennes, et qui, « quand il arrive en Algérie, rappelle Zemmour, commence à massacrer les musulmans, et même certains juifs ». La rédaction vit d'autant plus mal ces diatribes que certains journalistes commencent à être bousculés sur le terrain, qualifiés de représentants de la « chaîne Zemmour ». Afin de calmer les esprits, Gérald-Brice Viret a assuré à l'AFP, dès le 12 octobre, que le recrutement du journaliste du *Figaro* n'équivaut pas à un blanc-seing sur le contenu des éditoriaux : « Nous n'offrons pas une tribune sans filtre ni même un créneau d'expression libre. » Il ajoute alors, piquante affirmation, que l'intéressé n'a aucune ambition politique : « Nous avons obtenu des garanties de la part de M. Zemmour, notamment sur le fait qu'il n'est pas là avec un calendrier politique. S'il est candidat, Serge Nedjar aura la possibilité de le suspendre de l'antenne.» La possibilité mais pas l'obligation, ont noté les plus attentifs.

Dans le même temps, les dirigeants du groupe ont saisi le comité d'éthique de Canal +, qui rend un avis alarmiste, le 25 octobre. Ses membres estiment que la place centrale d'Éric Zemmour, ses interventions «sur les sujets mêmes» qui ont causé ses condamnations sont de nature à «créer un risque spécifique» pour Canal +. En conséquence, ils conseillent au média de diffuser l'émission en différé, afin de pouvoir couper, si besoin, les dérapages. Serge Nedjar s'exécute. Dès le mardi 29 octobre, le dispositif est en place, ce qui fait râler Zemmour. «C'est n'importe quoi», jure-t-il spontanément en apprenant la nouvelle. Il devra désormais arriver pour 18 h 15 au plus tard, afin de commencer le tournage à 18 h 30. Le délai de trente minutes s'avère incompressible pour effectuer une coupe dans de bonnes conditions. Il a l'occasion de maugréer une nouvelle fois, le 3 décembre, lorsque le CSA interpelle CNews pour ses déclarations sur le général Bugeaud, d'autant plus critiquées en raison de «l'absence de modération des propos du polémiste» par Christine Kelly, indique l'organe de régulation.

Malgré ce contexte lourd, les audiences continuent de grimper. Le 10 février, le débat face à la secrétaire d'État Marlène Schiappa rassemble trois cent quatre-vingt-onze mille téléspectateurs, ce qui fait de CNews, à cette heure-là, la première chaîne d'info de France. Puis, le 28 mai, «Face à l'info» frôle les cinq cent mille personnes. Ce n'est plus un succès, c'est un triomphe. Les dirigeants de la chaîne plastronnent. «Il n'y a pas de "problème CNews". Sa position éditoriale est un succès», constate, ravi, Gérald-Brice Viret lors du CSE du 25 juin 2020. Les débordements d'Éric Zemmour paraissent dès lors secondaires. Les garde-fous sautent, comme en témoigne la gestion de l'affaire George Floyd. Le 1er juin 2020, Zemmour a affirmé, à propos du décès de cet Afro-Américain à la suite de son arrestation par la police américaine, qu'aux États-Unis « les Blancs ont deux fois plus de chance d'être tués que les Noirs. 80 % des Blancs sont tués par des Noirs alors que les Noirs sont tués essentiellement par des Noirs ». Or, ces chiffres, issus d'un argumentaire de Donald Trump, se révèlent faux. L'AFP a rapidement vérifié les statistiques. Il apparaît que 15,5 % des Blancs, et non 80 %, ont été tués en 2018 par des « Noirs ou Africains-Américains ». Interrogé sur ce dérapage, le 25 juin, Viret minimise l'importance de la frontière entre les opinions et les faits : « Concernant les récents événements liés à l'affaire George Floyd, Éric Zemmour a avancé des chiffres au cours de l'émission, reflets de son opinion. Ces chiffres controversés circulaient aux États-Unis. Christine Kelly y a mis tous les guillemets nécessaires, et la direction de la rédaction a fait le choix, en concertation avec elle, de ne pas y revenir afin de ne pas remettre de l'huile sur le feu. »

À cette occasion, les élus syndicaux du groupe découvrent que le différé n'est plus de mise depuis des mois. « Ce dispositif n'est plus fonctionnel depuis la crise sanitaire et l'arrêt des face-à-face. Il sera de nouveau en place la saison prochaine avec le retour de cette forme d'émission », avoue Gérald-Brice Viret. Le compte rendu de la réunion indique que le dirigeant « prend le point, c'est un sujet préoccupant pour lui, et il préférerait que l'émission soit enregistrée ». En fait, la chaîne est mise en difficulté par le manque de ponctualité de son chroniqueur. Éric Zemmour a pris l'habitude d'arriver tellement en retard que les techniciens n'ont plus le temps d'effectuer la coupe proprement. Quelques jours plus tard, le 29 juin, lorsque l'éditorialiste s'emporte contre le parti Europe Écologie-Les Verts, en affirmant que « le vert des Verts correspond comme par hasard au vert de l'islam », il est trop tard pour modifier la séquence dans de bonnes conditions. On décide de laisser tel quel. Même cause et mêmes effets le 29 septembre, quatre jours après l'attaque des anciens locaux de *Charlie Hebdo* par un Pakistanais de vingt-cinq ans muni d'un hachoir. Éric Zemmour se déchaîne contre les mineurs étrangers isolés, même si l'assaillant ne l'était pas. Il estime qu'ils sont « pour la plupart » des délinquants, voire des criminels. Et d'ajouter, hors de lui : « Ils sont voleurs, ils sont assassins, ils sont violeurs, c'est tout ce qu'ils sont ! Il faut les renvoyer ! » En guise de modération, Christine Kelly a murmuré un « Pas tous » validé par Zemmour, tout en prenant ses distances : « Ces propos vous appartiennent, c'est pas CNews. »

Le CSA ouvre immédiatement une enquête, pour laquelle il condamnera le média à 200 000 euros d'amende, le 18 mars 2021. « Quand bien même ces propos ont été tenus dans le cadre d'un débat en lui-même légitime [...], ils ont été de nature à inciter à la haine envers les mineurs étrangers isolés, et ont véhiculé de nombreux stéréotypes particulièrement infamants à leur égard, de nature à encourager des comportements discriminatoires. [...] Le Conseil a estimé que la maîtrise de l'antenne n'avait pas été assurée, d'autant plus que l'émission a été diffusée en différé et sans modification », souligne l'autorité.

Les dirigeants du groupe adoptent quant à eux des attitudes contradictoires, symboliques du double jeu de la chaîne, qui refuse d'assumer sa ligne éditoriale très à droite mais ne fait rien pour s'en départir. Dans un CSE du 24 septembre, avant l'affaire des mineurs isolés, mais après celles de George Floyd et du « vert de l'islam », Maxime Saada prend de grandes distances avec le discours du journaliste, tout en n'envisageant pas une seule seconde de s'en séparer. « Il considère qu'Éric Zemmour a le droit de parler. Si on ne lui donne pas de forum, il va sur Internet, il opère également sur Dailymotion (*sic*), et ce qu'il y dit – qui est beaucoup plus consommé que CNews – est assez catastrophique », est-il écrit sur le procès-verbal de la réunion. Gérald Brice-Viret exprime à nouveau, le 17 décembre, son souhait que « Face à l'info » soit de nouveau diffusé en différé : « Canal avance là-dessus, avec la mise en place de règles plus strictes. » Le 6 octobre 2020, pour la première fois, un développement d'Éric Zemmour sur les enfants musulmans[1] a été coupé.

Cet axe de communication se veut bien différent de celui retenu par Frank Cadoret, le directeur général du groupe Canal +. Lors du CSE du 7 octobre 2020, ce haut cadre de Vivendi défend, sur le fond, les propos d'Éric Zemmour, assurant que dans cette affaire « le contexte a été oublié » et qu'il « n'a pas entendu d'incitation à la haine raciale parce qu'il n'y a pas de race derrière le terme mineur isolé ». Cadoret affirme encore que le polémiste fait partie « des personnes qui défendent la Nation » et qu'il n'est « pas d'extrême droite ». « Tout le monde s'en est saisi parce que CNews est la chaîne qui dénonce ce qui se passe dans le pays et qui essaye d'éclairer les Français avec des avis divers et variés », analyse le dirigeant. Les élus de l'entreprise en restent interdits.

Et Vincent Bolloré ? À chaque fois, le grand patron soutient coûte que coûte sa recrue. Pas touche à Zemmour. Il faut dire qu'entre-temps, les audiences continuent d'augmenter, encore et encore. On dénombre sept cent mille spectateurs pour l'émission du 28 octobre, puis huit cent quatre-vingt-treize mille le 5 novembre. Le 4 mai 2021, c'est la gloire. « La chaîne conservatrice CNews dépasse BFM TV », titre *Le Monde*. Le projet industriel du Breton, celui d'importer en France le modèle de Fox News, la chaîne américaine ultra-conservatrice, se révèle gagnant. Comment imaginer dès lors se séparer de l'éditorialiste du *Figaro*, qui apparaît comme la martingale de sa réussite ? Selon François Hollande, qui l'explique à un de ses amis, les deux

1. Selon un article du média Les Jours, le 8 octobre 2020.

hommes partagent d'ailleurs un même désir de revanche sur l'élite bourgeoise : « Bolloré a besoin de reconnaissance, on l'a toujours pris pour un pirate qui s'introduit dans les entreprises. Il est dans une démarche commerciale et politique, il est sur une ligne pas éloignée de celle de Zemmour, il est de droite catho, mais ce qui l'intéresse, c'est le succès. »

Cette part du religieux est-elle vraiment anecdotique ? Encore une fois, les destins d'Éric Zemmour et des milieux du catholicisme conservateur se retrouvent liés. À cet égard, un proche d'Emmanuel Macron se dit saisi par les choix éditoriaux du magnat du Finistère : « Bolloré a un projet politique évident. Un projet chouan. » La référence aux insurgés royalistes de l'Ouest pendant la Révolution, nommés « armée catholique et royale » au sud de la Loire, se veut transparente. Vincent Bolloré est croyant, il ne l'a jamais caché, mais peut-être pas seulement. Les émissions qu'il choisit, les visages qu'il recrute, les médias qu'il finance : ses investissements récents racontent un intérêt pour la promotion d'un certain christianisme français. En mai 2020, la chaîne CNews a lancé « En quête d'esprit », une émission religieuse diffusée tous les dimanches, présentée par Aymeric Pourbaix, le directeur de la rédaction de *France catholique*. Cet hebdomadaire, fondé en 1924 par la Fédération nationale catholique, un groupe de pression opposé à la laïcité et à la loi de 1905, a été racheté en 2018 par Vincent Bolloré. Tous les ans, Pourbaix coordonne « le pèlerinage du monde des médias », une journée pendant laquelle des journalistes sont invités à se rapprocher de Dieu. Une partie de l'événement a lieu au Foyer Jean-Bosco, dans le XVIe arrondissement de Paris, un édifice religieux qui appartient au groupe Bolloré. Son responsable, qui co-organise le pèlerinage, est un abbé. Il s'appelle Gabriel Grimaud et passe pour être un proche parmi les proches de l'entrepreneur breton, son homme de confiance, à qui il confia, à la fin des années 2000, la célébration des obsèques de sa mère.

Cet ancien vicaire de la paroisse traditionaliste de Saint-Germain-l'Auxerrois a présenté, en 2005, l'émission « Dieu merci ! » sur Direct 8, la chaîne nouvellement lancée par… Vincent Bolloré. Quand il invite Zemmour à déjeuner pour la première fois, en juin 2019, Bolloré fait d'abord visiter le Foyer Jean-Bosco à l'essayiste, en compagnie de l'ecclésiastique. Le dimanche 15 août 2021, C8 a aussi diffusé douze heures de programmes liés à l'Assomption, la montée au ciel de Marie, la mère de Jésus. Le lendemain, la même chaîne programmait en première partie de soirée *Unplanned*, un film anti-avortement.

Éric Zemmour se montre plus à l'aise que jamais dans cet écosystème. Au sein de l'équipe de « Face à l'info », la froideur des débuts a laissé place à une franche camaraderie. Avec Marc Menant, un des éditorialistes de l'émission, le salarié du *Figaro* partage la passion échevelée de l'histoire. Avant et après le tournage, et même si le chroniqueur paraît toujours pressé, ils n'en finissent plus de partager une anecdote, une citation. Christine Kelly, radicalisée par les attaques sur les réseaux sociaux, a elle aussi pris fait et cause pour l'essayiste. « C'est notre d'Artagnan », disent de concert les Athos et Porthos du programme. Quant à Aramis, il pourrait s'agir de Dimitri Pavlenko, le chroniqueur économique, promu animateur de la matinale d'Europe 1 à la rentrée 2021. Le 31 août, pour les soixante-trois ans de Zemmour, tous se sont d'ailleurs déguisés en mousquetaires. « Une ambiance de cour de récréation », rit souvent l'auteur du *Suicide français*, qui confie plusieurs fois qu'il n'a jamais été aussi heureux professionnellement.

Pour la première fois de sa carrière, Éric Zemmour n'est pas un parmi d'autres. Il n'est même pas un parmi deux, comme dans « On n'est pas couché » ou sur Paris Première. Sur CNews, l'éditorialiste s'impose comme la star incontestée, la locomotive qui porte la carrière de l'ensemble des salariés. Il est chez lui.

Il peut dire ce qu'il veut sans craindre les remontrances. Tous se décarcassent pour l'aider. Début septembre, quelques jours avant la sortie de son livre *La France n'a pas dit son dernier mot*, même Pascal Praud passe des coups de téléphone à ses relations pour lui trouver un attaché de presse. Et puis, Bolloré l'écoute. Plusieurs recrues de CNews et Europe 1 font partie de son entourage. L'essayiste canadien Mathieu Bock-Côté, à qui deux émissions sont confiées, figure parmi ses amis proches. Ivan Rioufol, Eugénie Bastié et Alexandre Devecchio, tous intervenants réguliers, sont des collègues estimés du *Figaro*. Pour l'aider dans la préparation de son émission, CNews rémunère aussi un assistant, Amaury Bucco, un journaliste de *Valeurs actuelles* qui se charge, presque tous les jours, de rédiger un article à la gloire de l'essayiste sur le site du journal d'extrême droite. Sur Europe 1, en juin 2021, la hiérarchie demande à la chroniqueuse Christine Berrou de supprimer une allusion moqueuse à son encontre. Enfin, Zemmour a du pouvoir, de l'influence. À l'heures des ambitions nationales, autant en faire usage jusqu'au dernier moment.

Quand le CSA, le 8 septembre, demande à ce que le temps de parole d'Éric Zemmour soit décompté comme celui d'une personnalité politique, CNews confirme dans un premier temps l'émission quotidienne de sa poule aux œufs d'or. Et ce même si Gérald-Brice Viret avait fait, lors du CSE du 17 octobre 2019, de cette classification un des critères de son maintien à l'antenne. « Zemmour n'est pas attaché à un parti politique, c'est un éditorialiste, journaliste comme il l'est au *Figaro* et sur Paris Première. Dès lors qu'il serait candidat et ouvertement dans un camp politique, CNews aurait le droit de le débarquer. Pour l'instant, son temps de parole n'est pas comptabilisé en tant qu'homme politique », estimait-il alors. Depuis que son entourage récolte des dons en faveur de l'association Les Amis d'Éric Zemmour, il dispose pourtant bien d'un parti politique. Le lundi 13 septembre, la chaîne change d'avis, contrainte. La collaboration s'arrête.

Lorsque Éric Zemmour fait part de son projet présidentiel à Vincent Bolloré, ce dernier ne lui promet pas de le réembaucher après la campagne. Mais il le rassure. « Ne t'en fais pas pour ça. »

Épilogue

« Ça finira mal », a dit un jour Philippe Villiers, sous le coup d'un énervement. Certains lui imaginent le destin tragique du général Boulanger, passé si proche du pouvoir, un soir de janvier 1889, avant de finir suicidé, deux ans plus tard, sur la tombe de sa maîtresse. Certains le voient revenir chez Cnews, pour rendre ses oracles de malheur, comme avant. Comme il fait si bien. Certains le craignent en fossoyeur de l'État de droit. Quelques-uns de ses proches le voient président de la République, sauveur de la France éternelle et des « roumis ». Les autres le rêvent en destructeur créatif de la droite, coupeur définitif du cordon sanitaire entre Les Républicains et le Rassemblement national, Monsieur Loyal de Marion Maréchal-Le Pen.

Le moment est paroxystique pour Éric Zemmour. Sa candidature à la présidentielle constitue un sommet de sa vie. Le jeune garçon frêle de la rue Doudeauville, récalé méritant de l'ENA, a passé quarante ans à lire et lire encore, à écrire, à raturer, à discourir, à polémiquer, à brocarder, à tempêter pour en arriver là. Comme un concours qu'il n'aurait jamais cessé de passer, le cérébral a voulu tester ses limites, découvrir jusqu'où il pourrait grimper dans l'élite de ce pays qu'il chérit tant. Son érudition l'y a porté très haut, même si les politiques auront toujours du mal à le prendre au sérieux, François Hollande a pronostiqué qu'il finirait à 4 % ou 5 %. Bruno Roger-Petit, le conseiller mémoire du président de la République, le décrit en vibrion perdu sur la route électorale : « Un des problèmes de Zemmour, c'est l'incarnation. Il est dépourvu de toutes les qualités qui caractérisent l'ontologie d'une personnalité présidentiable. Un imprécateur célinien ne peut être un héritier du général de Gaulle ».

Au long de son parcours dans le gotha français, Zemmour a affermi ses idées, ultra-conservatrices. En l'an 2000, elles faisaient de lui un dandy de droite attachant, elles le placent aujourd'hui parmi les penseurs les plus influents du pays. Rarement le destin d'un homme a aussi parfaitement accompagné les tourments d'un pays, rongé par le mal-être identitaire et les travers de la mondialisation. Au long de son ascension, Zemmour a aussi assis une méthode, redoutable. Généraliser à partir de cas particuliers, considérer une source parmi d'autres comme la vérité révélée, en délaissant les éléments contraires.

Dans quels livres finira-t-il ? Tout est ouvert. Quand nous lui demandons s'il existe une pensée zemmourienne, il ne répond pas clairement, mais évoque ses maîtres, Régis Debray, Jacques Bainville, Hyppolite Taine. Peut-être le citera-t-on à son tour dans les manuels de philosophie politique, comme le modernisateur de la pensée de Charles Maurras. Peut-être que les précis d'histoire politique retiendront qu'il a contribué à refonder la droite radicale française. Peut-être sera-t-il plus modestement considéré comme un éditorialiste très talentueux et très radical de son époque. Les observateurs perfides ont noté que le genre traverse mal les temps, qu'aujourd'hui plus personne ne parle d'Henri Rochefort et de Jean Cau. Et alors ? Polémiste vedette, ce serait tout de même un beau parcours pour celui qui végétait, à vingt-six ans, au fond d'une agence de publicité.

Bibliographie

Ce livre s'est nourri de mes lectures, particulièrement des articles de Camille Vigogne Le Coat, Louis Hausalter, Tristan Berteloot, Maël Thierry, Paul Laubacher, Tugdual Denis, Alexandre Sulzer, Lilian Alemagna, Marie-France Etchegoin, Aurélie Jacques, Pierre de Boishue et Laurent Valdiguié.

Hormis l'ensemble des livres d'Éric Zemmour, mon travail s'est appuyé sur de nombreux ouvrages, dont voici les principaux :

David Doucet et Dominique Albertini, *La Fachosphère*, Flammarion, 2016.

Geoffroy Lejeune, *Une élection ordinaire*, Ring, 2015.

Martin Peltier, *À poil Zemmour*, Die, 2014.

Ariane Chemin et Vanessa Schneider, *Le Mauvais Génie*, Fayard, 2014.

Louis Hausalter, *Marion Maréchal. Le fantasme de la droite*, Éditions du Rocher, 2020.

Renaud Dely, *La Droite brune. UMP-FN : les secrets d'une liaison fatale*, 2012.

Frédéric Haziza, *Vol au-dessus d'un nid de fachos*, Fayard, 2014.

François Bousquet, *La Droite buissonnière*, Éditions du Rocher, 2017.

Patrick Buisson, *La Cause du peuple*, Perrin, 2016.

Nicolas Vescovacci et Jean-Pierre Canet, *Vincent tout-puissant*, J.-C. Lattès, 2018.

Raphaël Elmaleh, *Une histoire de l'éducation juive moderne en France. L'école Lucien-de-Hirsch*, Biblieurope, 2006.

Georges Buisson, *L'Ennemi*, Grasset, 2019.

Gérard Noiriel, *Le Venin dans la plume*, La Découverte, 2019.

Laetitia Krupa, *La Tentation du clown*, Buchet et Chastel, 2021.

Paul Conge, *Les Grands-Remplacés. Enquête sur une fracture française*, Arkhê, 2020.

Bruno Dive, *Les Kamikazes 2022*, L'Archipel, 2021.

Nicole Vulser, *André Rousselet. Les trois vies d'un homme d'influence*, Calmann-Lévy, 2001.

Remerciements

Merci à la cent-cinquantaine de personnes qui ont accepté de se confier à moi, parfois longtemps, parfois sous couvert d'anonymat. Sans vous, rien n'aurait été possible. Merci à ceux qui m'ont fait partager leur carnet d'adresses avec enthousiasme. Ils se reconnaîtront.

Merci à Salomé Viaud, pour sa clairvoyance et sa placidité inébranlable face à mes doutes. Merci à Mireille Paolini et à Hugues Jalon de m'avoir fait confiance.

Merci à Isabel, qui m'est si chère.

Merci à Éric Zemmour d'avoir accepté de me rencontrer, et pour avoir eu l'élégance de ne jamais bloquer mon projet.

Merci à mes chefs de *L'Express*, Éric et Anne, et auparavant de *Marianne*, pour leur soutien.

Table

Prologue 9
1. Le dilemme 15
2. Les réseaux 29
3. Le projet 45
4. Rubempré et Poulidor 55
5. L'humiliation 67
6. Chevreau sacré 75
7. Enfin vedette 87
8. Dix ans d'impatience 99
9. Les femmes 109
10. Star du PAF 119
11. Le « virage zemmourien » 127
12. Le procès 135
13. Éric qui rit et Dark Zemmour 145
14. La fabrique d'un best-seller 153
15. Rock-star chez les « cathos tradi » 159
16. Mouton noir 169
17. Radicalisé 179
18. « Juif assimilé » 189
19. La tentation politique 197
20. Le prince de Bolloré 205
Épilogue 217
Bibliographie 219
Remerciements 221

RÉALISATION : BRUNO RINGEVAL
IMPRESSION : CPI FRANCE
DÉPÔT LÉGAL : OCTOBRE 2021. N° 146462 (165179)
Imprimé en France